1re impression: avril 1988
2e impression: juillet 1988
3e impression: février 1989

Dépot légal, 2e trimestre 1988

ISBN 2-9801217-0-3

AUTEURE: Jeanne D'Arc Marleau
CORRECTION LINGUISTIQUE: Diane Leclerc, Texte T.R.T.

PAGE COUVERTURE

Au plus profond de toi, un bel oiseau veut s'envoler

A la recherche du plein soleil, de l'harmonie.

Pars, bel oiseau,

Suis les contours des terres et mers.

Laisse-toi porter par les courants favorables.

Tu trouveras enfin branche accueillante où te poser.

Tu chanteras alors ton hymne à la vie,

Tu chanteras alors ton hymne à l'amour.

JEANNE D'ARC MARLEAU I.L.

GUIDE D'HYGIÈNE DE VIE POUR HYPOGLYCÉMIQUES

ET POUR TOUTE PERSONNE VOULANT ÉVITER DE LE DEVENIR

ÉDITION D'ARC

AVERTISSEMENT

Les conseils dispensés dans ce livre n'excluent en aucun cas le recours au diagnostic et au traitement d'un professionnel de la santé.

DÉDICACE

*Je dédie ce livre à mon mari, Alain, à mon fils, Samuel ainsi qu'à tous ceux et celles qui luttent contre l'un des maux de notre civilisation: l'**hypoglycémie.***

JE SOUHAITE

Je souhaite que ce volume vous aide à cheminer dans votre recherche d'un mieux-être et qu'il constitue les premiers pas de votre démarche d'harmonisation avec la nature.

MERCIS

Mercis sincères à mon mari, Alain, pour sa collaboration et son dévouement empressés. Sa grande disponibilité a rendu possible la publication de ce volume. Merci également à Samuel pour sa compréhension et sa patience.

TABLE DES MATIÈRES

PRÉFACE

Vous avez entre les mains un livre qui vient heureusement combler un vide important dans le domaine de la vulgarisation médicale de langue française en ce qui regarde le problème de l'hypoglycémie fonctionnelle. Je lui souhaite la bienvenue et, il va sans dire, une large diffusion.

Toute personne éprouvant des problèmes de santé pourra y puiser des notions qui l'aideront à préciser si elle est hypoglycémique ou non. Le personnel médical et paramédical y trouvera également des réponses aux questions soulevées par ce problème. Ainsi, patients et personnes traitantes pourront mettre en commun leurs efforts en vue d'arriver au contrôle de l'hypoglycémie.

J'aime le fait que l'auteure a abordé l'impact du stress sur la santé en général et sur l'hypoglycémie en particulier; il ne faut pas oublier que l'adrénaline et la noradrénaline servent de freins à l'insuline, d'où leur importance sur le métabolisme du sucre.

Les nombreuses recettes incluses dans ce volume permettront à l'hypoglycémique de continuer à manger avec appétit et plaisir tout en faisant preuve de discernement.

Bref, un cadeau est offert aux personnes hypoglycémiques et à tous ceux et celles qui se préoccupent de leur santé. À chacun de savoir en profiter.

Dr André Sévigny

CONFIDENCES

Le 31 décembre 1971, jour mémorable qui marque un tournant dans la vie d'une jeune femme de 28 ans.

L'année précédente, elle quittait l'enseignement pour s'adonner à l'étude des soins infirmiers dans la capitale du Canada. Elle prévoyait alors voyager à travers le monde et utiliser ces deux professions pour subvenir à ses besoins.

Mais ce jour-là, pendant qu'elle était en route pour célébrer le Jour de l'An avec sa famille, en une fraction de seconde, sa vie s'est bouleversée. La ferraille résonne, sa tête oscille, son corps balance de l'avant vers l'arrière puis s'écrase, inerte, contre le pare-brise. Son crâne est enfoncé dans la glace de la voiture.

Deux forces se confrontent alors en elle : celles de la vie et de la mort.

Adieu! voyages autour du monde. La trajectoire est plutôt détournée d'un centre hospitalier à l'autre, d'un cabinet de médecin à l'autre et commence la descente aux enfers.

Pourquoi la vie plutôt que la mort?. Dans un tel état de déchéance physique, elle voudrait bien monter vers l'Éternel. Mais les forces de la vie triomphent. Elle sort du brouillard ; on lui explique la cause de son état lamentable :

"Vous avez eu un accident d'automobile et vous êtes encore sous l'effet du choc, avec traumatisme crânien et diverses contusions".

Le silence se fait ; la maladie s'installe et gruge lentement par l'intérieur.

Une fois sortie de l'hôpital, elle ne se reconnaît plus; quelqu'un d'autre habite son être. Son cerveau ne fonctionne plus comme avant. Son miroir ne lui reflète plus les mêmes yeux et sa figure projette l'image de lambeaux raccommodés.

Marcher dans les rues d'Ottawa, au milieu de la foule et des bruits, devient un supplice ; tous les édifices semblent se refermer sur elle. Elle court, s'affole et s'élance pour échapper à ces bruits infernaux. Soudain, le brouillard revient; elle ne sait plus qui elle est, d'où elle vient ni où elle va.

Une amnésie partielle la fait se recroqueviller sur elle-même et la cloue à un banc public, à la merci de tous les passants. Elle a même oublié le petit bout de papier dans sa poche sur lequel son nom est inscrit. De toute façon, à quoi lui servirait-il? Elle ne saurait même pas le lire en de pareilles circonstances.

Au bout de quinze minutes, une heure, deux heures... qui sait? La lumière se fait, le cerveau se remet en marche. Elle entre chez elle, portant sur ses épaules une fatigue écrasante. Même son langage la trahit.

Et ce supplice dure des années et des années. Sa tête la torture et veut éclater; des coups de fusil résonnent à l'intérieur. Elle n'a plus de mémoire, ni de concentration, ni d'énergie. En revanche, elle est assaillie par les tremblements, l'angoisse et la solitude. Elle souffre même de vertiges et de crises de "petit mal" (épilepsie).

Elle se penche souvent au-dessus des eaux du Canal Rideau, se demandant si elle ne serait pas plus confortable au fond de ce lit invitant...

La vie poursuit cependant son cours. Comme tout le monde voulant conserver son autonomie, une fois ses études terminées, elle se trouve un emploi. Mais elle se traîne au travail ; tout lui semble ardu.

Au fil des ans, s'installent, de plus en plus persistants, l'insomnie, l'irritabilité, la nervosité, l'agressivité, les douleurs osseuses et musculaires et les engourdissements. Son organisme se détériore graduellement. Elle en vient même à sortir du cabinet du médecin avec des "nitro". Eh oui! elle souffre aussi de palpitations cardiaques.

Elle accepte finalement de vivre dans ce corps courbaturé, brisé par la douleur. Ses maux de tête deviennent son cilice. La folie la hante sans que personne n'y attache d'importance. On la dit asociale et neurasthénique.

Un jour, elle se marie puis subit plusieurs fausses-couches. Malgré son manque d'énergie, elle réussit à accoucher d'un beau garçon. Mais une année d'allaitement taxe trop lourdement sa santé précaire. Le vase déborde. De grippes en pneumonies, son corps s'amaigrit et ne résiste plus.

Son mari la supplie d'accepter de consulter des médecins. Elle se promène encore une fois de généralistes en généralistes, de spécialistes en spécialistes, du cardiologue au gynécologue et à l'endocrinologue.

On ne lui trouve rien, moins que rien. Les tremblements sont cependant de plus en plus prononcés et fréquents; les épuisements soudains se précipitent. Elle se sent mourir à petit feu, sans savoir ce qui la mine depuis des années.

Un jour, deux cuillers à soupe de mélasse sur son pain blanc la font presque entrer dans un coma. Une lumière s'allume alors: "LE SUCRE". Comme elle est infirmière, elle consulte certains volumes et décide de demander un test d'hyperglycémie provoquée de cinq heures et de vérifier si elle n'est pas déjà ménopausée.

Avec beaucoup de résistance, l'endocrinologue décide, d'une main hésitante, de lui prescrire ces deux tests. Les résultats sont positifs : on diagnostique de l'hypoglycémie et une ménopause avancée.

Cette femme a maintenant 42 ans. Elle vient seulement de découvrir un des maux qui la dévoraient depuis 14 ans: "Le MAL DU SUCRE"! Son accident d'automobile n'avait qu'accéléré le processus; l'hypoglycémie était là depuis toujours. D'aussi loin qu'elle se souvienne, elle se voit aux prises avec plusieurs symptômes de cette maladie.

Elle était en effet une enfant très émotive, irritable et agressive. Elle luttait contre ce mal en volant constamment de la nourriture dans les armoires familiales. Elle a même failli s'étouffer lorsque sa mère l'a surprise les deux mains dans le pot de beurre d'arachides.

De la naissance à l'âge scolaire, elle était rondelette. Elle est ensuite devenue maigre pendant son adolescence, après quoi elle oscillait de la maigreur à l'obésité pour finalement se stabiliser à l'époque de son accident.

Lorsqu'elle eut ses 18 ans, quelle ne fut pas sa stupeur — et celle de ses amis — lorsqu'elle perdit connaissance après avoir consommé un seul verre d'apéritif. C'est également à cette époque qu'elle était obligée de se munir de réserves de chocolat dans son pupitre et d'en manger en cachette chaque fois qu'elle subissait le stress des examens scolaires. C'est donc à tous ces symptômes que s'est ajouté le traumatisme crânien.

A la suite du dépistage de l'hypoglycémie, on lui conseille donc de consulter une diététicienne; cependant, celle-ci n'ajoute que des calculs à l'assiette traditionnelle. Aucune amélioration ne se fait sentir.

Il lui faut un an de tâtonnements et de recherche pour enfin comprendre que la reconstruction de son être meurtri passe incontestablement par le respect de la nature. Elle découvre que l'humain a défiguré la nature et que cette dernière prend sa revanche.

Elle trouve alors la solution dans une alimentation entière, non raffinée, contenant le moins possible de produits chimiques et dépourvue de toutes formes de sucre et d'excitants. Elle cesse également de fumer et ajoute des suppléments vitaminiques et minéraux à son alimentation.

Aujourd'hui, cette femme de 45 ans déborde d'énergie; elle dit souvent qu'elle en a même à revendre! Elle ne sait où donner de la tête pour réaliser les projets qu'elle a accumulés durant tout ce temps.

Elle se sent maintenant responsable de sa santé et de celle des autres. Elle veut porter son message au plus grand

nombre de personnes possible. Elle désire que tous sa-
chent que la santé est là, à leur portée, qu'il suffit de vivre en
harmonie avec la nature pour en jouir pleinement.

Cette femme, vous l'aurez deviné, est l'auteure de ce livre.
Elle vous le dédie du fond du coeur.

Jeanne D'Arc

La santé est une responsabilité individuelle et sociale.

Chaque personne devrait constamment garder en tête et dans chacun de ses gestes le souci de l'univers et de tous ceux et celles qui l'habitent.

S'estomperaient ainsi la maladie, la haine, la jalousie, la guerre et régneraient l'amour et l'harmonie, chacun y puisant des parcelles de bonheur, de beauté et de santé.

Jeanne D'Arc Marleau

1

LE DÉVELOPPEMENT DE CETTE MALADIE DE CIVILISATION QU'EST L'HYPOGLYCÉMIE

L'HYPOGLYCÉMIE ET LE GLUCOSE DANS LE SANG

Le glucose, principal hydrate de carbone du sang, est aussi notre principale source d'énergie et surtout la principale source de nutrition du système nerveux central et du cerveau. La moindre activité, du plus petit exercice à l'élaboration complexe des hormones, nécessite l'utilisation de l'énergie fournie par le glucose.

Le cerveau doit même la vie au glucose qui est sa source exclusive d'énergie. En effet, dès qu'il en est privé, nous éprouvons de la difficulté à nous concentrer, à penser, à réfléchir; il peut même arriver que nous ayons des hallucinations de divers ordres — auditif, visuel, gustatif, etc. Si cette situation se prolonge, il en résulte une perte de conscience pouvant parfois conduire à la mort.

Lorsque les autres tissus du corps manquent d'énergie (de carburant), ils puisent dans les matières grasses et dans les protéines. Ceci n'est cependant pas le cas du cerveau qui s'alimente uniquement de glucose sanguin. **Ce dernier sert de moyen de transport pour alimenter le cerveau en oxygène.**

Le glucose du sang se forme à partir de trois sources qui sont aussi importantes les unes que les autres pour maintenir un taux de sucre adéquat.

La première est la ration alimentaire, c'est-à-dire les hydrates de carbone (sucres) contenus dans les aliments.

La deuxième est la glycogénolyse, c'est-à-dire la transformation du glucose en glycogène, forme sous laquelle l'excès de glucose est emmagasiné dans le foie pour être utilisé lorsque le niveau de sucre dans le sang diminue. Si tel est le cas, le glycogène se convertit alors en glucose et retourne dans le sang.

La troisième est la gluconéogénèse. Elle entre en action lorsque toutes les autres sources de glucose sont épuisées. Le foie transforme alors ou fabrique du glucose à même les matières grasses et les acides aminés (protéines). 60 % des protéines (acides aminés) de l'organisme peut être transformé par le foie. Ce sont des réserves de sucre pour le corps.

Le mécanisme régulateur du niveau de glucose dans le sang doit le maintenir constant, c'est-à-dire à 1 g/litre de sang. On considère normal un taux de 70 à 115 mg %. Quand le taux de glucose ou sucre sanguin est inférieur à la normale, l'organisme est en état d'hypoglycémie. Au contraire, lorsque la quantité de glucose est supérieure à la normale, l'organisme est en état d'hyperglycémie ou diabète (si cet état perdure) (cf. courbe et tableau comparatif, p. 15). C'est essentiellement à partir de ce taux que le personnel médical interprète les données d'un test d'hyperglycémie provoquée.

Ce mécanisme régulateur est très complexe. Il concerne principalement notre système endocrinien: hypophyse,

2

thyroïde, parathyroïde, pancréas, glandes surrénales, foie et autres organes (voir la figure traitant des glandes endocrines, p. 6). C'est l'insuline sécrétée par le pancréas (**cellules bêta**) qui permet au sucre contenu dans le sang de se rendre au foie, aux muscles et aux autres cellules du corps. Si le pancréas sécrète trop d'insuline à la fois, celle-ci refoule trop de glucose dans les cellules et en laisse trop peu dans le sang; une action compensatrice doit donc rééquilibrer la situation.

Le pancréas possède aussi des cellules antagonistes appelées **alfa** qui sécrètent une autre hormone: le glucagon. Dès que le sucre sanguin diminue, ces cellules entrent en action et commandent au foie de libérer ou de convertir du glycogène en glucose pour rééquilibrer le niveau du sucre dans le sang.

Cependant, à la suite d'une trop grande ingestion d'aliments qui se digèrent très vite (p. ex. sucres concentrés) et qui sont de mauvaise qualité, le taux de glucose monte en flèche dans le sang et tout le système endocrinien se met en branle. *Le cerveau déclenche alors le système d'alarme par le biais de l'hypophyse* (voir la figure traitant des glandes endocrines, p. 6), celle-ci agit sur la glande thyroïde et, de là, sur les cellules bêta (îlots de Langerhans) qui sécrètent de l'insuline. Cette dernière transmet alors le signal au foie, aux muscles et aux autres cellules. Elle leur commande d'augmenter leur consommation de glucose. Si tous les espaces d'emmagasinage de glycogène sont déjà comblés, le glucose est alors refoulé dans les tissus graisseux.

Lorsque l'insuline a trop refoulé de sucre (glucose) dans les cellules, le niveau du sucre sanguin devient trop bas; les cellules alfa du glucagon n'arrivent plus à rétablir l'équilibre. *Le cerveau donne alors un deuxième signal à l'hypophyse qui avertit à nouveau la thyroïde.* De là, les glandes surrénales (situées au-dessus des reins) sécrètent une hormone appelée adrénaline qui commande au foie de convertir son glycogène en glucose pour le retourner au sang. Si le foie ne possède pas suffisamment de réserves, le glycogène en réserve dans les muscles est alors sollicité. C'est ainsi que le glucose sanguin s'élève et revient à la normale, soit à 1 g/litre.

On comprend donc pourquoi une alimentation chroniquement déficiente, c'est-à-dire renfermant des sucres en abondance, dépourvue de fibres, remplie de stimulants (café, thé, alcool, cigarettes, drogues, médicaments) et de produits chimiques stresse l'organisme. Elle sollicite constamment toutes ces usines que sont les glandes endocrines et ne peut que provoquer l'hypoglycémie — qui est une forme d'auto-destruction. Le pancréas devient surexcité et hypersensible à toute forme de sucre (il ne distingue pas entre les bons et les mauvais sucres). Résultat: il sécrète trop d'insuline. Il se produit alors une "panne d'essence"; le cerveau est "dans le rouge"; le système nerveux est incapable de transmettre les signaux de détresse. L'hypoglycémie s'installe alors et l'on met beaucoup de temps à reprendre son énergie.

Toutes ces petites usines du corps, à force d'être sollicitées, finissent par s'user et flanchent à un moment ou l'autre. Il faut alors des mois et même des années pour s'en remettre.

Généralement, on peut remonter très loin dans la vie d'une personne, parfois même aussi loin qu'à la naissance, pour découvrir l'origine de l'hypoglycémie. De nombreux hypoglycémiques révèlent d'ailleurs que leur mère et/ou leur père étaient également atteints de cette maladie. Ainsi, outre le fait qu'elles soient taxées par cette hérédité, si ces personnes se nourrissent mal (assiette raffinée, "fast food" et sucres inutiles) et sont soumises au stress engendré par la pollution et le rythme de vie trépidant de notre société, elles se retrouvent à 3, 6, 10, 15, 18, 20 ans ou plus en "burn out", épuisées, vidées.

Comment réagissent les personnes hypoglycémiques lorsqu'elles vont à l'école? Elles sont couchées sur leur pupitre et voyagent dans les nuages sans trop s'en rendre compte, ou deviennent agressives, ne tolérant pas la moindre remarque. Leurs parents les conduisent chez le médecin qui diagnostique bien souvent une maladie au nom savant: la mononucléose, ou encore, elles attrapent grippes sur grippes. La liste pourrait ainsi s'allonger... et pour comble d'horreur, on n'améliore pas leur cas en leur offrant, dans le cadre scolaire, de participer à des concours ayant pour récompense un repas ou une "bonne grosse frite" chez Mc Donald's, A & W, Harvey's... Quelle belle roue d'engrenage!

Comme le glucose est le carburant de tous les tissus de notre corps, nous allons vers une destruction continue: ralentissement du fonctionnement du foie et, par le fait même, mauvaise digestion, élimination très lente des déchets, voire même une mauvaise assimilation des minéraux, vitamines, etc.

Le système nerveux et les glandes surrénales, aux prises avec ces excitations constantes d'une mauvaise hygiène de vie et alimentaire, réagissent au début par une élévation d'énergie, mais celle-ci fait tôt place à la lassitude, à la fatigue accrue, à l'épuisement et à la dépression.

Plus nous mettons de temps à nous prendre en main, plus la récupération est longue. Ainsi, pendant des années, au stress de l'hypoglycémie s'ajoutent toutes les maladies possibles et impossibles et même, dans certains cas, la folie.

Les solutions à ce problème résident principalement dans:

une alimentation adéquate;

le repos;

le sommeil;

la relaxation;

une hygiène de vie bien pensée, en harmonie avec la nature et soi-même.

LES GLANDES ENDOCRINES

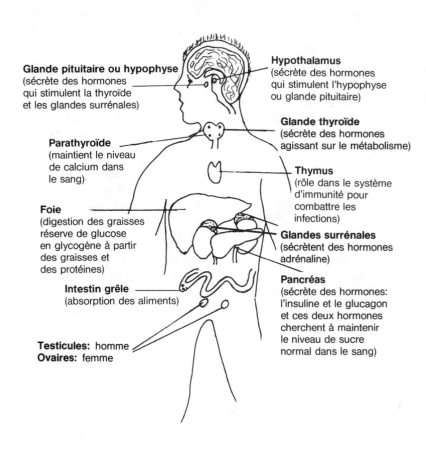

Glande pituitaire ou hypophyse
(sécrète des hormones
qui stimulent la thyroïde
et les glandes surrénales)

Hypothalamus
(sécrète des hormones
qui stimulent l'hypophyse
ou glande pituitaire)

Parathyroïde
(maintient le niveau
de calcium dans
le sang)

Glande thyroïde
(sécrète des hormones
agissant sur le métabolisme)

Thymus
(rôle dans le système
d'immunité pour
combattre les
infections)

Foie
(digestion des graisses
réserve de glucose
en glycogène à partir
des graisses et
des protéines)

Glandes surrénales
(sécrètent des hormones
adrénaline)

Intestin grêle
(absorption des aliments)

Pancréas
(sécrète des hormones:
l'insuline et le glucagon
et ces deux hormones
cherchent à maintenir
le niveau de sucre
normal dans le sang)

Testicules: homme
Ovaires: femme

LES SYMPTÔMES DE L'HYPOGLYCÉMIE

Dans les pages précédentes, nous avons vu que la baisse de concentration normale de glucose dans le sang empêche le fonctionnement harmonieux de tout le système nerveux et endocrinien et, par le fait même, place le cerveau en grande situation de stress, atteignant ainsi tout le fonctionnement cérébral.

Il est donc facile de déduire tous les symptômes psychosomatiques, physiques et neurologiques qui en découlent tels que le Dr Guyland les a relevés au cours des années 50 (voir cette liste de symptômes au texte intitulé "Pourquoi" (p. 35 et sui.)

Nous devons porter à chacun de ces malaises autant d'attention qu'à l'analyse du test d'hyperglycémie provoquée. Ils sont très significatifs dans le dépistage de cette maladie.

LES CAUSES DE L'HYPOGLYCÉMIE

Comme les autres maladies industrielles, l'hypoglycémie a de multiples causes dont, principalement, LE STRESS sous toutes ses formes.

Stress alimentaire ou nutritionnel:

Cette forme de stress découle:

- d'une consommation d'aliments dévitalisés, c'est-à-dire raffinés, sans fibres, transformés par l'industrie et auxquels ont été ajoutés des sucres concentrés et des vitamines artificielles;

- de repas incomplets ou trop abondants;

- de repas trop espacés ou tout simplement sautés.

Stress chimique:

Avez-vous déjà réfléchi à toutes les drogues que nous ingurgitons volontairement et qui sont des poisons vifs pour le corps? En tant qu'infirmière, j'y ai souvent songé puisque j'ai distribué pendant des années des plateaux entiers de médicaments. Il faut pourtant nous rendre compte qu'ils sont de gros et de petits poisons qui nous brûlent de l'intérieur, nous laissant l'impression qu'ils sont de véritables guérisseurs alors qu'ils ne font que nous engourdir temporairement.

En voici les principaux types:

- toutes formes de médicaments;

- drogues officielles;

- sucres sous toutes ses formes;

- alcool: vin, apéritif, digestif, etc.;

- thé, café, cola et toutes boissons gazeuses et à saveur artificielle;

- cigarettes, cigares, tabac à pipe;

- produits chimiques (engrais, etc.), additifs alimentaires;

- consommation d'aliments raffinés.

Stress psychologique:

Combien de stress ne nous infligeons-nous pas, souvent inutilement, sans y prendre garde? Courir! courir! après qui ou après quoi? après la maladie? la mort?

Au nombre de ce type de stress, mentionnons:

- le travail;

- les horaires chargés;

- les chocs et problèmes émotifs (conflits conjugaux, divorce, etc.);

- la perte d'un être cher;

- le manque de temps pour relaxer et décompresser;

- la dévalorisation de soi.

Stress physique:

Cette forme de stress est induite par une situation maladive passagère, chronique ou accidentelle, dont principalement:

- une blessure corporelle (fracture);
- une allergie;
- une grippe;
- l'arthrite, l'épilepsie, etc.;
- l'alcoolisme;
- une malformation congénitale gênante;
- l'obésité;

ou par l'environnement: bruit intense, pollution de l'air, mauvais éclairage, surmenage, froid ou chaleur intense, etc.

À tous ces types de stress s'ajoutent les suivants:

- L'hérédité:

   Combien d'enfants naissent avec un pancréas et les glandes endocrines déjà atteints par le diabète, l'obésité, l'alcoolisme, le tabagisme, la consommation de drogues durant la grossesse!

- Les tumeurs d'organes (p. ex. tumeur au pancréas dont 5 à 6 % des hypoglycémiques sont atteints);
- Les problèmes enzymatiques (voir vocabulaire, p. 285);
- Le mauvais fonctionnement du système endocrinien: hypophyse, thyroïde, parathyroïde (maintien du niveau de calcium adéquat), glandes surrénales, foie (paresseux, hépatites, ablation de la vésicule biliaire);
- La ménopause ou les périodes prémenstruelles et menstruelles;
- La grossesse et l'allaitement;

- Les carences vitaminiques: complexe B, calcium, E, lécithine, chrome, manganèse;
- Toutes les formes de pollution.

D'une personne hypoglycémique à l'autre, les causes sont différentes et souvent combinées, mais en général, pour chacune, on retrouve un facteur dominant qu'il est très utile de discerner afin d'y porter une attention particulière au moment de la rééducation.

NOTRE SOCIÉTÉ EST DE PLUS EN PLUS MALADE; À NOUS D'Y VOIR ET DE PRENDRE LES MOYENS POUR NOUS GUÉRIR!

COMPARAISON DU DIABÈTE ET DE L'HYPOGLYCÉMIE

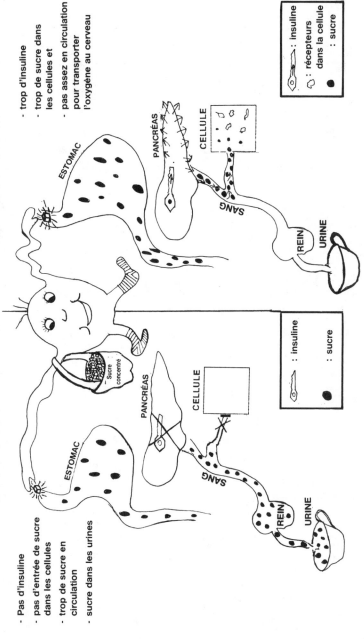

2

L'HYPOGLYCÉMIE: PILE OU FACE?

PILE OU FACE?

De nombreuses personnes se trouvant dans un état physique et psychologique lamentable sentent le besoin d'obtenir une confirmation chiffrée de leur état avant d'entreprendre une démarche quelconque de désintoxication et de revitalisation.

Bien sûr, les tests nous révèlent des informations sur notre état général, mais le fait d'être à l'écoute de notre corps nous rend encore meilleurs(es) juges de notre condition.

Voici néanmoins quelques informations que nous pouvons tirer des divers tests présentés dans ce chapitre.

COURBES DU TEST D'HYPERGLYCÉMIE PROVOQUÉE DE 5 HEURES

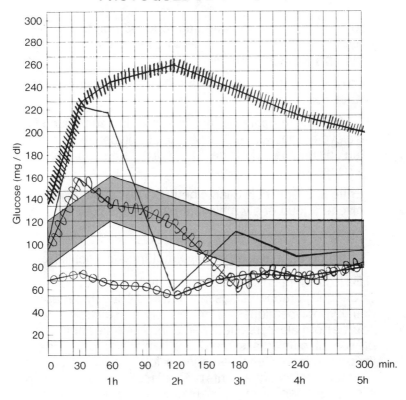

A : zone grise : indique une glycémie normale

B : ‑o o o o o‑ : hypoglycémie à "courbe plate"

C : ‑ᴧᴧᴧᴧᴧᴧ‑ : hypoglycémie fonctionnelle typique

D : _____ : hypoglycémie réactionnelle

E : ‑/‑/‑/‑/‑/‑/‑/‑/‑ : courbe d'un diabétique

Ce test est un des moyens utilisés pour déceler l'hypoglycémie.

INTERPRÉTATION DES COURBES

A

Toute la zone grise indique une réponse normale au test d'hyperglycémie provoquée de cinq heures; aucun indice d'hypoglycémie n'est relevé.

- La glycémie (glucose dans le sang à jeun) se situe entre 80 et 100 mg/dl.*

- À la première heure du test, le sucre du sang (glucose) s'élève au-dessus du taux à jeun; la glycémie monte le taux de glucose à jeun de 50 mg/dl mais ne dépasse pas 170 mg/dl.

- Entre la 2 ième et la 3 ième heure, la glycémie revient au niveau à jeun et s'y maintient par la suite.

- Absence de sucre dans l'urine.

- Absence de malaises et de symptômes particuliers.

N.B.: Il convient de toujours tenir compte des particularités de chaque personne. Dans mon travail d'éducatrice auprès des hypoglycémiques, il m'est arrivé d'examiner une courbe normale alors que la personne à qui elle appartenait présentait plusieurs symptômes habituellement reliés à l'hypoglycémie. Cette personne a tout de même décidé d'apporter les changements préconisés à son alimentation et de se donner une meilleure hygiène de vie. Une amélioration importante s'est manifestée dans le mois suivant cette décision et son bon état s'est maintenu par la suite.

B

La courbe B est caractéristique de l'hypoglycémie à courbe plate.

Durant la première heure du test, on n'enregistre ni chute ni élévation (ou à peu près pas) du glucose sanguin. La glycé-

*mg/dl signifie milligramme par décilitre

mie ne s'élève pas au-dessus de 50 % du taux de glucose à jeun.

La personne présentant une telle courbe trouve en général sa vie bien monotone; elle est extrêmement épuisée en raison d'une incapacité de maintenir son glucose sanguin à un niveau normal.

C

Cette courbe représente l'hypoglycémie fonctionnelle typique; elle est très fréquente chez les hypoglycémiques et on ne lui trouve aucune cause apparente.

Dans ce cas, le taux de glucose descend entre la 3 ième et la 4 ième heure du test.

La personne présentant cette courbe reprendra assez rapidement sa vigueur et son énergie après s'être soumise à une alimentation et à un régime de vie sains et équilibrés.

D

Cette courbe caractérise l'hypoglycémie réactionnelle. C'est surtout pour cette forme d'hypoglycémie que l'on voit l'importance de toujours demander un test d'hyperglycémie provoquée d'au moins cinq heures. En effet, souvent cette courbe laisse croire à un diabète dans les deux ou trois premières heures. Pourtant, si un tel diagnostic était posé, il pourrait entraîner des conséquences très dramatiques pour la personne. Par contre, si le test se poursuit pendant la 4 ième et la 5 ième heure, il est très fréquent d'enregistrer une chute importante de la glycémie qui dénote l'hypoglycémie réactionnelle.

Dans ce cas, la chute est de 218 - 58 : vitesse de chute de 160 mg/dl à l'heure.

La personne qui décrit alors ce qu'elle ressent parle d'une faiblesse soudaine correspondant à la chute enregistrée par le test. À ce moment-là, si elle ingurgite du chocolat, une boisson gazeuse, etc., en l'espace de quelques secondes ou de quelques minutes, elle se retrouve en baisse radicale d'énergie.

E

++++++++++

Cette courbe est typique du diabète; elle dénote un pancréas qui ne sécrète pas suffisamment d'insuline, ce qui élève le taux de glucose sanguin de façon constante. De plus, l'urine contient du sucre (glucosurie).

Voici, en conclusion, les critères servant à dépister d'une façon très relative l'hypoglycémie selon le test d'hyperglycémie provoquée de cinq ou six heures:

1. Un taux de glucose sanguin se situant de 20 à 30% en-dessous de la glycémie du matin (à jeun) à tout moment du test.

2. Une différence entre le taux le plus élevé et le taux le plus bas supérieure à 90 mg/dl.

3. Une chute égale ou supérieure à 50 mg/dl dans la même heure.

4. Ni chute ni élévation importante et glycémie ne s'élevant pas au-dessus de 50% du taux de glucose à jeun (hypoglycémie à courbe plate).

5. Malaises très prononcés tels que somnolence, raideur dans la nuque, sueurs et frissons, nausées, tremblements intérieurs et extérieurs, sensation de vertige et d'évanouissement, etc. Ces symptômes sont très importants, sinon plus que le test d'hyperglycémie lui-même. La plupart du temps, ils coïncident avec la baisse du glucose sanguin durant le test.

6. S'ajoute à ces cinq critères, l'histoire de la personne. En effet, ce qu'elle raconte est devenu, à mes yeux, le point le plus important à considérer.

TEST DE DÉPISTAGE DE L'HYPOGLYCÉMIE CHEZ L'ADULTE

Souffrez-vous d'hypoglycémie?

Ce test se compose de trois parties. Répondez à chaque question par l'un ou l'autre des chiffres suivants:

0 : non ou jamais

1 : peu ou rarement **Intensité**

2 : beaucoup ou souvent

3 : extrêmement ou très souvent

Quand vous avez fini de répondre à une partie du questionnaire, faites bien le total demandé.

Intensité

*1. Êtes-vous fatigué(e) ou peu reposé(e)
  à votre lever?............... _____

2. Êtes-vous irritable au lever?.............. _____

*3. Êtes-vous plus en forme après le
  déjeuner qu'avant celui-ci?............. _____

4. Avez-vous besoin d'un café
  pour bien lancer la journée?.............. _____

5. Omettez-vous le petit déjeuner?.......... _____

6. Sautez-vous des repas?.............. _____

7. Absorbez-vous moins de 1 000
  calories par jour?.............. _____

*8. Ressentez-vous parfois une grande fai-
  blesse sans aucune raison apparente?.... _____

*9. Vous arrive-t-il de perdre subitement
  toutes vos énergies, sans aucune
  raison apparente?.............. _____

*10. Cette dernière sensation est-elle
  soulagée après le repas ou
  après la pause-café?.............. _____

*11. Vous arrive-t-il de manquer d'énergie vers
  10h00 du matin?.............. _____

*12. Vous arrive-t-il d'avoir durant la journée des crises soudaines de transpiration (même par temps froid) accompagnées de sensations de faim, de coeur qui bat, de vertige, de perte de connaissance possible?.................... _____

*13. Avez-vous des bouffées de chaleur qui ne sont pas reliées à la ménopause?.... _____

14. Avez-vous des "blackouts"?.................... _____

*15. Avez-vous déjà perdu connaissance?.................... _____

*16. Avez-vous des palpitations quand les repas sont retardés ou omis?.................... _____

17. Avez-vous parfois une impression de serrement à la poitrine?.................... _____

18. Avez-vous une respiration difficile (souffle court, manque d'air) à 10h00, à 16h00 et durant la nuit?.................... _____

19. Avez-vous déjà fait une crise d'asthme?.................... _____

20. Êtes-vous étourdi(e), surtout quand vous vous levez vite?.................... _____

*21. Souffrez-vous d'un manque de coordination ou titubez-vous?.................... _____

22. Avez-vous parfois l'impression d'avoir la tête vide?.................... _____

23. Avez-vous déjà eu des convulsions?..... _____

24. Avez-vous déjà vécu des périodes d'hallucinations?.................... _____

*25. Vous sentez-vous toujours fatigué(e)?.................... _____

26. Souffrez-vous de basse pression?.......... _____

*27. Vous arrive-t-il d'avoir des maux de tête à la sortie du lit, en fin d'après-midi ou durant la nuit?.................... _____

28. Souffrez-vous de migraine plusieurs jours par mois?.................... _____

*29. Ressentez-vous des maux de tête quelques heures après avoir absorbé de l'alcool?.................... _____

*30. Avez-vous l'impression que l'alcool vous monte vite à la tête?.............. _____

*31. Avez-vous soif d'alcool chaque jour?.............. _____

*32. Buvez-vous comme stimulant de 3 à 15 cafés par jour?.............. _____

*33. Buvez-vous plus d'une boisson gazeuse par jour?.............. _____

34. Prenez-vous des médicaments (antidépresseurs, aspirine, etc.) qui vous stimulent, vous redonnent de l'énergie, vous tirent de votre "déprime"? Ou encore prenez-vous des médicaments hypoglycémiants (anti-biotiques, anovulants, valium, etc.)?.............. _____

35. Êtes-vous un fumeur qui grille cigarettes après cigarettes?.............. _____

*36. Ressentez-vous un besoin de chocolat presque chaque jour?.............. _____

*37. a) Avez-vous des rages de sucre, de bonbons?.............. _____

b) Avez-vous des rages de féculents, pâtes, pain, chips?.............. _____

*38. Avez-vous l'impression de toujours avoir faim, même après un repas (faim insatiable)?.............. _____

39. Avez-vous périodiquement perdu l'appétit ou ne l'avez-vous perdu que le matin?....... _____

*40. Avez-vous faim entre les repas?............. _____

*41. Devez-vous grignoter entre les repas pour ne pas être faible, tremblant(e) et affamé(e)?.............. _____

*42. Avez-vous des tremblements internes?.............. _____

*43. Tremblez-vous des mains quand vous avez faim ou que les repas sont retardés?.............. _____

*44. Êtes vous porté(e) à bâiller plusieurs fois le jour?.............. _____

*45. Avez-vous des somnolences durant la journée?.....

46. Avez-vous des somnolences dès que vous vous assoyez pour vous reposer?....

47. Avez-vous des somnolences lorsque vous regardez la télé?.....

48. Avez-vous des somnolences quand vous lisez?.....

49. Avez-vous des somnolences après un gros repas?.....

50. Avez-vous des spasmes abdominaux ou des crampes entre les repas?.....

51. Souffrez-vous ou avez-vous souffert d'ulcères d'estomac?.....

52. Souffrez-vous de mauvaise digestion chronique ou de gaz stomacaux? Avez-vous la bouche sèche ou brûlante, l'haleine douteuse?.....

53. Avez-vous souffert d'inflammation du gros intestin ou de colite ulcéreuse?.....

54. Avez-vous fréquemment la diarrhée?.....

55. Urinez-vous fréquemment?.....

56. Avez-vous des malaises au dos?.....

*57. Votre vision est-elle embrouillée au cours de vos baisses d'énergie?.....

58. a) Le soleil brillant fatique-t-il vos yeux?.....

b) Une exposition au soleil d'une certaine durée vous affaiblit-elle?.....

*59. Avez-vous des problèmes de circulation (mains froides, pieds froids)?.....

60. a) Avez-vous des douleurs musculaires et articulatoires durant le jour?.....

b) Avez-vous des crampes, des engourdissements et des spasmes avant de vous endormir?.....

61. Vous arrive-t-il de vous réveiller la nuit avec des sensations physiques désagréables?.....

22

62. Vous levez-vous la nuit pour manger?..................................... _____

63. Vous arrive-t-il de vous réveiller après quelques heures de sommeil et d'avoir de la difficulté à vous rendormir?.......... _____

*64. Êtes-vous plutôt un "oiseau de nuit" (plein d'énergie la nuit) qu'une personne de jour................................ _____

65. Vous arrive-t-il de transpirer beaucoup la nuit?.................................. _____

66. Souffrez-vous d'insomnie?.................... _____

Faites le TOTAL
de vos réponses pour les questions 1 à 66: _____

Symptômes — problèmes — situations — maladies cachant ou accompagnant l'hypoglycémie:

*67. Faites-vous de l'embonpoint (10 lb ou 5 kg en trop)?.............................. _____

*68. a) Êtes-vous obèse?...................... _____
     b) Êtes-vous anorexique?.............. _____

*69. Êtes-vous ou étiez-vous alcoolique?...... _____

70. Avez-vous des ulcères d'estomac?......... _____

71. Êtes-vous allergique à plusieurs aliments ou médicaments?.................... _____

72. Êtes-vous arthritique?........................ _____

73. Souffrez-vous de sinusite ou d'asthme?....................................... _____

74. Êtes-vous épileptique?....................... _____

75. Vous sentez-vous délinquant?.............. _____

76. Êtes-vous enceinte ou allaitez-vous?..... _____

77. Y a-t-il des personnes diabétiques dans votre famille?................................ _____

78. Y a-t-il des personnes alcooliques ou en dépression dans votre famille?................ _____

79. Êtes-vous dans votre ménopause?......... _____

80. Vous remettez-vous présentement d'une grave épreuve?.............................. _____

81. Êtes-vous en instance de divorce?......... _____

82. Avez-vous un travail ou des problèmes

stressants?.................................. _____

83. Avez-vous des menstruations
    pénibles?............................ _____

84. Souffrez-vous du syndrome de la
    tension prémenstruelle? (Période
    pénible dans les 10 jours
    précédant les règles).................... _____

Faites le TOTAL
de vos réponses pour les questions 67 à 84 _____

Symptômes ou manifestations psychiques de l'hypoglycémie:

*85. Êtes-vous facilement perdu(e), "mêlé(e)",
     confus(e)?.................................. _____

*86. Êtes-vous souvent incapable de vous
     concentrer, surtout en fin d'après-midi
     (difficulté de lire, de calculer, de
     suivre un cours?)............................ _____

87. Avez-vous des inquiétudes non
    fondées?....................................... _____

*88. Vous emportez-vous facilement,
     notamment avant les repas?.................... _____

89. Ressentez-vous parfois des périodes
    d'anxiété non motivée?........................ _____

90. Vous a-t-on déjà conseillé la psycho-
    thérapie ou avez-vous déjà pensé à
    y recourir?.................................... _____

91. Avez-vous déjà envisagé le suicide?...... _____

*92. Êtes-vous une personne indécise,
     notamment en fin de journée?................. _____

93. Vous arrive-t-il de pleurer sans raison
    apparente?.................................... _____

94. Êtes-vous hypersensible au bruit?......... _____

95. Vous arrive-t-il de vous laisser aller à
    une crise nerveuse ou une crise de
    larmes? .... _____

96. Devez-vous lutter contre plusieurs peurs
    ou phobies?.................................. _____

*97. Vous arrive-t-il de vous sentir en dehors

de la réalité, d'avoir l'impression
de devenir fou (folle)?...................... _____

*98. Votre personnalité change-t-elle aux
divers moments du jour?...................... _____

99. Négligez-vous votre apparence, votre
propreté personnelle et même l'ordre
autour de vous?...................... _____

100. Avez-vous des signes de dépression?
Êtes-vous d'humeur maussade ou
mélancolique?...................... _____

101. Éprouvez-vous souvent de la
nervosité?...................... _____

102. Croyez-vous manquer de puissance
sexuelle ou avez-vous, au contraire,
des désirs sexuels excessifs?...................... _____

103. Vous percevez-vous comme asocial(e)
ou antisocial(e)?...................... _____

*104. Êtes-vous incapable de travailler sous
pression au point d'avoir de la difficulté
à garder vos emplois?...................... _____

105. Manquez-vous d'initiative?...................... _____

*106. Êtes-vous très émotif(ve)?...................... _____

107. Êtes-vous craintif(ve)?...................... _____

108. Exagérez-vous les faits de peu
d'importance?...................... _____

*109. Votre mémoire vous fait-elle défaut?...................... _____

110. Manquez-vous de sécurité? Êtes-vous
toujours inquiet(ète)?...................... _____

Faites le TOTAL
de vos réponses pour les questions
de 85 à 110: _____

Propositions:

1. Si le grand total est supérieur à 40, vous pourriez passer
le test de tolérance au glucose ou l'hyperglycémie provoquée. C'est un test de cinq ou six heures. Il est important
de ne pas accepter de passer un test de moins de 5 heures à moins de raisons médicales sérieuses.

2. Que vous ayez passé ou non ce test d'hyperglycémie provoquée, vous auriez intérêt à vous occuper de votre santé et à vous alimenter de manière à éliminer des symptômes que vous avez relevés au cours du test de dépistage.

3. Les astérisques indiquent les symptômes très caractéristiques de l'hypoglycémie. Ne vous affolez pas si les résultats sont élevés; plus longtemps le problème a été négligé, plus votre être (esprit et organisme) est perturbé.

TEST DE DÉPISTAGE DE L'HYPOGLYCÉMIE CHEZ L'ENFANT ET L'ADOLESCENT(E)

Symptômes physiques de l'hypoglycémie:

OUI NON

*1. Je me lève, le matin, peu reposé(e)............ ____ ____

2. J'ai mauvais caractère l'avant-midi............ ____ ____

*3. Je suis plus en forme après le déjeuner....... ____ ____

4. Je saute le déjeuner parce que je n'ai pas faim le matin............................... ____ ____

5. Par période, je saute des repas, ayant perdu l'appétit............................... ____ ____

6. En fin de semaine, je ne prends que deux repas par jour............................ ____ ____

*7. À d'autres périodes, je dévore aux repas et je grignote toute la journée.................... ____ ____

*8. Il m'arrive de me sentir faible, mal, sans énergie au cours d'une journée................. ____ ____

*9. Mon énergie remonte après un repas ou une collation..................................... ____ ____

*10. Il m'arrive parfois de transpirer beaucoup (même par temps froid), de sentir mon coeur battre, d'être étourdi(e) et d'avoir peur de perdre connaissance....... ____ ____

*11. J'ai déjà perdu connaissance.................... ____ ____

*12. Je suis très fatigué(e) et souvent faible à la fin du cours d'éducation physique....... ____ ____

13. Je n'aime pas les sports en général, ayant peu de forces et d'énergie.............. ____ ____
14. Je regarde beaucoup la télé chaque jour .... ____ ____
*15. Mon coeur bat très fort quand les repas sont retardés ou sautés............................. ____ ____
*16. Au cours de la journée, je me sens bien fatigué(e).. ____ ____
17. J'irais souvent me coucher le jour si je m'écoutais... ____ ____
*18. J'ai souvent mal à la tête................. ____ ____
au lever... ____ ____
en fin d'avant-midi............................. ____ ____
en fin d'après-midi............................. ____ ____
la nuit .... ____ ____
19. Je manque de coordination dans mes gestes: je me frappe sur les meubles, j'échappe des objets, je m'accroche, je suis malhabile....................................... ____ ____
*20. J'ai un creux dans l'estomac vers 11 heures de l'avant-midi et j'ai de la difficulté à suivre le professeur.............. ____ ____
*21. Je suis porté(e) à m'écraser sur mon pupitre ou sur ma table de travail à l'école; je n'ai pas d'énergie, je trouve les cours ennuyeux ("plates")... ____ ____
*22. Il m'arrive de trembler avant les repas..... ____ ____
*23. J'ai faim entre les repas............................ ____ ____
24. Je ne puis me passer de gomme sucrée tout au long de la journée......................... ____ ____
25. Je bois souvent des boissons gazeuses (coke, pepsi, seven-up, etc)....................... ____ ____
26. Je ne mange pas le menu de l'école; je vais au restaurant pour manger des frites, hot-dogs, hamburgers, pizzas, etc.... ____ ____
*27. Je mange tous les jours du chocolat ou des chips; J'ai comme des rages ou des besoins de sucre ou de sel.......... ____ ____
28. Je dévore facilement un paquet de biscuits complet, beaucoup

de gâteaux, de pâtisseries, de
beignes chaque jour.............................. ____ ____
*29. Le repas terminé, j'ai encore faim............ ____ ____
30. J'aime peu les légumes............................ ____ ____
31. J'aime peu les fruits............................... ____ ____
32. J'ai un problème de poids......................... ____ ____
33. J'ai la vue embrouillée en fin d'avant-midi
ou d'après-midi.. ____ ____
34. Je supporte mal le "gros" soleil; il
m'affaiblit et je dois porter des verres
teintés.. ____ ____
35. J'ai souvent les mains et les pieds froids..... ____ ____
36. Je fume déjà beaucoup pour mon âge.... ____ ____
37. Je digère mal, j'ai des brûlures
d'estomac.. ____ ____
*38. J'ai des crampes dans l'estomac entre
les repas... ____ ____
39. Je suis porté(e) à bailler souvent le jour........ ____ ____
40. Ma tête pèse lourd pendant les cours
à l'école.. ____ ____
41. Je m'endors souvent en regardant la télé.... ____ ____
42. Je m'endors souvent quand je circule en
automobile.. ____ ____
*43. Je m'endors souvent après les repas....... ____ ____
*44. Je me sens toujours fatigué(e).................. ____ ____
*45. Je fais des nuits de 12 heures la fin de
semaine.. ____ ____
46. J'ai de la difficulté à m'endormir le soir... ____ ____
47. Je me réveille souvent la nuit, à la suite
d'un cauchemar ou de crampes musculaires ... ____ ____
*48. Je me lève pour manger la nuit................. ____ ____
49. J'ai souvent de la difficulté à me
rendormir .... ____ ____
*50. Il m'arrive souvent de transpirer la nuit.... ____ ____
51. J'ai parfois besoin de pilules pour dormir.... ____ ____
52. Le soir, je suis plus en forme et j'aime
me coucher tard.. ____ ____
53. J'aime boire du café................................ ____ ____
de l'alcool avec mes amis... ____ ____

Situations qui cachent ou accompagnent l'hypoglycémie:

54. Je souffre de plusieurs allergies (fièvres des foins, allergie aux plumes, poils de chat. etc., divers aliments)............... ____ ____
55. Je souffre d'urticaire, d'eczéma............... ____ ____
56. Je fais des crises d'asthme..................... ____ ____
57. J'ai déjà fait des convulsions................. ____ ____
58. J'ai le souffle court assez souvent............ ____ ____
59. La période prémenstruelle est difficile pour moi; je pleure facilement; je me fâche facilement; je boude; je crie pour rien; je deviens toute mêlée...... ____ ____
60. J'ai été hospitalisée plusieurs fois pour une maladie sérieuse..................... ____ ____
61. Je souffre d'épilepsie............................. ____ ____
62. Je refuse de manger, je suis anorexique..... ____ ____
*63. a) Je suis obèse................................... ____ ____
    b) J'ai plusieurs livres ou kilos à perdre....... ____ ____

Manifestations ou symptômes causés par l'hypoglycémie:

*64. Je suis facilement perdu(e), mêlé(e), confus(e).............................. ____ ____
*65. Je suis souvent incapable de me concentrer pendant les cours à l'école et pour étudier le soir.................. ____ ____
66. Je n'aime pas la lecture........................ ____ ____
*67. J'ai de la difficulté à calculer................. ____ ____
*68. J'ai peu de mémoire............................. ____ ____
*69. Je me fâche facilement, en particulier avant les repas............................ ____ ____
70. Je suis très susceptible; on ne peut me faire aucune remarque .... ____ ____
71. Certains jours, je suis très triste............. ____ ____
72. Je m'inquiète pour des riens.................. ____ ____
*73. Je pleure souvent sans trop de raison..... ____ ____
74. Je fais facilement des crises de nerfs ou

des crises de larmes............................ ____ ____
75. Il y a toutes sortes de peurs dans ma
tête .... ____ ____
76. Je suis très indiscipliné(e) certains jours
à l'école .... ____ ____
77. Je suis quelquefois délinquant(e), je me
fiche des règlements; je brise du matériel
à la maison, à l'école .... ____ ____
78. Chaque jour à l'école, je me sens
paresseux(se), très apathique,
désintéressé(e)................................ ____ ____
79. Parfois, je n'ai pas le goût de vivre .... ____ ____
*80. J'ai un caractère très gentil certains jours
et très détestable d'autres jours; je suis
très changeant(e)............................ ____ ____
81. Je suis hypersensible .... ____ ____
82. Je suis désordonné(e) dans ma chambre,
mes effets scolaires........................ ____ ____
*83. Je suis souvent nerveux(se) intérieure-
ment ou extérieurement.................. ____ ____
84. J'ai de la difficulté à me faire des amis
et je sors peu................................. ____ ____
85. Je suis souvent en retard à l'école, à mes
rendez-vous.................................... ____ ____
86. Je manque d'initiative .... ____ ____
87. Je suis craintif(ve); j'ai peu confiance
en moi.. ____ ____
*88. Je suis souvent hyperactif(ve), à la
maison et/ou à l'école .... ____ ____

TOTAL: ____ ____

N.B.: Les astériques devant les numéros indiquent les
symptômes les plus caractéristiques de l'hypoglycémie.

*Les deux tests de dépistage qui précèdent ont été repro-
duits avec la permission de l'Association des hypoglycémiques du Québec.*

CONSÉQUENCES DE L'HYPOGLYCÉMIE SUR LE MILIEU DE VIE

Il faut reconnaître que ce n'est pas toujours facile de vivre avec une personne hypoglycémique; en revanche, il est aussi très pénible pour elle de mener une vie sociale normale.

Si vous ne souffrez pas de cette maladie et que vous lisez ce livre, vous comprendrez comment "le mal du sucre" peut envahir et parfois détruire toute une vie physique et émotive.

Pour être en mesure de saisir l'état de la personne aux prises avec ce mal, on doit d'abord en connaître la nature. Ensuite, dans un mouvement empathique, on pourra collaborer avec elle à la récupération de sa santé tant émotionnelle que physique.

Afin de comprendre un peu ce que ressent l'hypoglycémique, essayez de vous imaginer enfermé(e) dans une pièce verrouillée. Soudainement ou doucement, on aspire l'air de cet endroit. En l'espace de quelques secondes, vous allez hurler et frapper contre les murs, puis suffoquer et vous sentir mourir, impuissant(e).

Dites-vous bien que c'est souvent ce que ressent la personne hypoglycémique sans trop en être consciente — seul un petit pourcentage de ces malades savent qu'elles sont atteintes de cette maladie. Cette personne est envahie par la solitude et doit lutter contre des problèmes aussi destructeurs que les phobies de toutes sortes — agoraphobie, claustrophobie, etc. (cf. vocabulaire à la fin du volume).

Songez à cette fatigue soudaine ou chronique qui s'ajoute à son poids corporel. Cette personne est tellement épuisée que tout lui paraît insurmontable, exactement comme si elle devait escalader le mont Everest par un matin de brouillard.

De plus, pendant combien de temps ne l'a-t-on pas traitée de neurasthénique, de déséquilibrée, de délinquante, etc. avant de découvrir qu'elle était hypoglycémique? Se sont alors installés et incrustés chez elle des sentiments de dépréciation de soi et de frustration intense qui laissent des traces indélébiles. Pouvez-vous imaginer toute l'angoisse qu'elle a ressentie faute de connaître et de comprendre ce qui se passait en elle?

En quête d'oxygène et d'énergie, la personne hypoglycémique se sent souvent impuissante devant son irritabilité, ses sautes d'humeur, son agitation, ses colères, ses comportements agressifs, ses périodes dépressives et ses absences mentales. En période de crise, il lui arrive souvent de ne plus pouvoir contrôler ses comportements bizarres. Elle se sent souvent glisser vers la folie; elle agresse et se sent agressée en même temps.

Combien de beaux projets rêvés, désirés et à jamais avortés dans la tête des hypoglycémiques en raison de cet épuisement, de cette dégénérescence qui les fait mourir à petit feu? Combien de suicides, de divorces, d'agressions sexuelles, de meurtres liés à ce problème? Combien de conjoints et de conjointes entredéchirés parce qu'ils ignorent la véritable cause de leur incompréhension?

Il est vrai qu'on ne doit pas attribuer tous ses problèmes à cette maladie; pourtant, elle en justifie un très bon pourcentage dans notre société bombardée de toutes parts et envahie par le stress. Ce mal de civilisation est lourd à porter surtout lorsqu'on en ignore la nature. Et même lorsqu'on le décèle, combien de temps mettons-nous avant de regarder en avant et de transformer cette situation négative en une étape ou un élément positif de notre vie?

En général, après avoir pris connaissance de son mal, la personne hypoglycémique passe par différentes étapes caractéristiques, semblables à celles que vivent les personnes atteintes de maladies graves (cancer, sida, etc.). Ces étapes sont les suivantes:

- Phase de négation, de colère, de dépression et de retrait

Elle nie alors avoir une mauvaise alimentation: "Je ne peux

pas croire que ce sont quelques pincées de sucres ou d'additifs qui me causent tous ces problèmes!" . Au bout de quelques jours la colère monte: "Pourquoi les autres peuvent-ils se permettre de manger n'importe quoi sans être malades?." "Pourquoi mon organisme fait-il des siennes?" Puis vient la dépression: "Il faut bien mourir de quelque chose!..." Elle reste alors en retrait pendant quelque temps, sans donner signe de vie.

- Phase d'acceptation

Elle refait ensuite surface, accepte la situation et demande de l'aide: "Pouvez-vous m'indiquer ce que je dois faire?" Elle est prête à cheminer vers la guérison et une nouvelle façon de vivre.

Les personnes qui vivent avec l'hypoglycémique doivent comprendre qu'elles peuvent l'aider à guérir si elles sont prêtes à l'appuyer dans son cheminement vers une meilleure hygiène de vie.

Si tel est votre cas, voici comment vous pouvez collaborer à sa guérison:

- Acceptez cette personne comme elle est dans ce qu'elle vit.

- Évaluez ce qui a été détruit pour mieux être en mesure de reconstruire.

- Donnez raison au temps — il faut un, deux ou trois ans, parfois, pour se reconstruire physiquement et psychologiquement.

- Acceptez de changer votre hygiène de vie en même temps qu'elle; de toute façon, vous en sortirez également gagnant(e).

- Partagez les responsabilités des changements alimentaires exigés par son nouveau régime.

- Redécouvrez avec elle qu'il fait bon vivre et encouragez-la à avancer dans cette voie positive.

- Apprenez avec elle à remettre de la douceur dans la vie quotidienne.

- Si vous êtes employeur(e), prenez le temps de lire ce volume afin de mieux comprendre la situation des membres de votre personnel atteints par cette maladie. Vous consentirez plus facilement à un congé, avec ou sans salaire, et la personne ne se sentira pas menacée de perdre son emploi.
- Si vous êtes médecin ou professionnel(le) de la santé, lisez le texte p. 35 intitulé "Pourquoi?" afin de déterminer s'il est possible de modifier votre intervention.
- Nous tous devons redécouvrir la nature, sentir sa force, sa capacité de nous régénérer au moyen des aliments entiers. Nous devons non seulement respecter la nature, mais l'aimer.

Rappelons-nous, de plus, que même lorsque la personne hypoglycémique accepte de cheminer dans la bonne direction, elle connaîtra des périodes d'euphorie et de dépression avant de se stabiliser.

Au début, le corps, ancré dans ses habitudes de vie, ne voudra pas se laisser modifier et réagira encore plus bêtement en laissant apparaître des malaises plus prononcés (p. ex. gros maux de tête). C'est la période de sevrage. L'hypoglycémique aura besoin de beaucoup d'encouragement et de compréhension. Elle tournera, comme certains le disent, autour du sucrier et s'y trempera les doigts pour le regretter ensuite.

Vient alors une deuxième période, agréable à vivre certains jours et moins à d'autres. L'hypoglycémique pourra même dire, lorsqu'elle se sent bien: "Ah! je suis guéri(e)!", mais il n'en est rien. Ceux qui l'entourent doivent continuer à l'encourager et à persévérer dans cette voie. Il faut apprendre à vivre au jour le jour.

Puis elle se sent monter la pente, graduellement, mais d'un pas beaucoup plus solide qu'auparavant. Les hauts et les bas sont moins fréquents qu'au cours de la période précédente. Il ne faut surtout pas regarder en arrière car, se croyant guérie, elle voudra retourner à ses mauvaises habitudes.

Enfin, arrive la période du retour à la belle vie, après 3 ou 4 mois d'une diète très stricte. Elle avait oublié ce que signifiait *"être bien dans sa peau"*; elle avait oublié la vitesse avec laquelle elle se déplaçait, la facilité avec laquelle elle comprenait un texte. Enfin, elle est revenue à ce qu'elle était, à moins qu'elle n'ait été hypoglycémique depuis la naissance, ce qui est de plus en plus fréquent.

Attention! donnez-lui encore au moins six mois avant qu'elle ne soit capable de bien réagir à une situation de stress, cela, en continuant à bien s'alimenter et à progresser dans une hygiène de vie convenant à son état de santé.

La santé retrouvée vaut bien des perles et des millions!

Rien n'égale cette sensation de bien-être, de mieux-vivre!

Vous pouvez maintenant crier: "Vive la vie!" et vous applaudir en compagnie de ceux qui vous sont chers.

POURQUOI?

Je dédie ces quelques questions à vous, directeurs et directrices des centres hospitaliers, des soins infirmiers, à vous médecins, infirmières, personnel de laboratoire, bref, à tout le personnel de la santé.

Beaucoup de sentiments paradoxaux se heurtent dans le coeur d'une personne aux prises avec la maladie: découragement puis confiance face aux multiples démarches et dédales du système professionnel de la santé. Parfois aussi la colère, la révolte ou le sentiment d'impuissance alternent avec le goût d'envisager des solutions de rechange.

Vous trouverez ci-dessous les interrogations les plus pressantes qui m'ont habitée depuis ma confrontation avec l'hypoglycémie à titre individuel ou dans mon travail d'éducation auprès des personnes atteintes de cette maladie.

- Pourquoi un si grand nombre de personnes, au Québec du moins, sont-elles des hypoglycémiques qui s'ignorent?

- Pourquoi bon nombre de personnes vont-elles vous décrire les maux dont elles souffrent: tremblements, raideurs de nuque, douleurs musculaires, titubations, insomnies (et ajoutez les quelque 50 autres malaises reliés au "mal du sucre") pour se faire trop souvent dire: *"c'est psychologique ou mental"*?

- Pourquoi un si grand nombre de personnes subissent-elles, après description de leurs symptômes, toute une batterie de tests sans que n'y figure celui d'hyperglycémie provoquée de cinq heures?

- Pourquoi d'autres personnes se voient-elles carrément refuser une écoute attentive lorsqu'elles décrivent leurs nombreux malaises ou symptômes et ressortent-elles rapidement du cabinet médical avec une ordonnance très complexe?

- Pourquoi de nombreuses personnes se voient-elles refuser carrément le test d'hyperglycémie provoquée de cinq ou six heures?

- Pourquoi tant de personnes, à la suite d'un résultat négatif à un test d'hyperglycémie provoquée et ressentant encore de nombreux malaises, voient-elles ceux-ci disparaître et leur santé s'améliorer après avoir transformé leur alimentation?

- Pourquoi trop de personnes souffrant d'hypoglycémie reviennent-elles de chez la diététicienne avec une assiette contenant encore des aliments raffinés, des sucres rajoutés et, de plus, des calculs compliqués?

- Pourquoi un si grand nombre de personnes hypoglycémiques passent-elles pendant des années (9, 10 ans et plus) d'un cabinet médical à l'autre sans que ne soit jamais diagnostiquée leur maladie?

- Pourquoi tant de personnes ayant été déclarées hypogly-cémiques se voient-elles prescrire des médicaments au lieu qu'on ne leur conseille de changer leurs habitudes alimentaires?

- Pourquoi une personne décidée et motivée à changer son alimentation dénaturée en une alimentation saine, tel que je le conseille dans ce livre, se voit-elle reprendre force et vigueur?

- Pourquoi et pourquoi?...

Si vous possédez des éléments de réponse, j'aimerais bien les connaître et en discuter avec vous.

Par ailleurs, si vous désirez prendre connaissance des réflexions d'un professionnel qui a oeuvré pendant une quinzaine d'années auprès des hypoglycémiques, je vous invite à lire **le texte qui suit du Dr André Sévigny**, omni-praticien, texte qu'il a présenté lors de son passage devant la commission Rochon à Montréal.

L'hypoglycémie existe; en effet, si l'on reconnaît que certai-nes personnes éprouvent des problèmes de santé parce qu'à un moment donné, une trop grande quantité de glu-cose circule dans leur organisme — ce qui est appelé état diabétique — il est logique de penser qu'il existe des cas inverses, c'est-à-dire où il y a carence plus ou moins grande de glucose.

L'unanimité est faite quant au premier problème par le corps médical; quant au second problème, un grand nom-bre de médecins ignorent ou encore ne savent pas com-ment composer avec lui.

*À ce stade-ci, permettez-moi de préciser que ce dont il s'agit ici, **c'est d'hypoglycémie fonctionnelle et réac-tionnelle** et non d'hypoglycémie de cause organique.*

Je crois, au départ, que ce qui empêche une juste appré-cia-tion du problème, pour de nombreux médecins, ce sont les données de base qui permettent d'établir, avec le plus de certitude possible dans l'état actuel des connaissances, qui fait de l'hypoglycémie, associée ou non à d'autres problèmes de santé, et qui n'en fait pas.

La médecine officielle a choisi comme base et comme **seule base** le fait que la glycémie baisse ou non en bas de 50 mg lors d'une glycémie provoquée de cinq ou six heures; la médecine officielle, je le répète, ne s'occupe d'aucun autre facteur. De cette façon, je crois aussi que cette façon unique d'apprécier l'hypoglycémie ne cadre pas avec la réalité; d'ailleurs, mon expérience personnelle et l'expérience qu'ont acquise les dirigeants de l'Association des hypoglycémiques nous fait vérifier ce fait presque tous les jours, chez les gens qui nous arrivent avec leurs problèmes non résolus et qu'on réussit à remettre sur pied.

À l'Association des hypoglycémiques, on emploie les normes de l'Association de médecine préventive des États-Unis — association qui regroupe quelques milliers de médecins pour qui la nutrition est importante dans le traitement des maladies.

Plusieurs normes ont été mises de l'avant par cette association. **La première norme** est que la glycémie, après ingestion du glucose lors d'une glycémie provoquée, monte de 50 pour cent minimum de ce que la glycémie était lorsque le patient était à jeun.

La seconde est qu'il doit y avoir un plateau ascendant entre les dosages d'une demi-heure et d'une heure. La médecine officielle ne s'entend pas sur ce point, à savoir si le sommet d'une courbe d'hyperglycémie provoquée doit être au bout d'une demi-heure ou d'une heure.

La troisième norme, c'est que la baisse normale devrait se faire au bout de 3 heures et qu'elle ne devrait pas dépasser 20% de ce qu'on est à jeun. Pour la médecine officielle, une personne qui fait 80 mg à jeun et 45 mg plus tard durant la glycémie est considérée comme hypoglycémique, mais si elle fait 115 mg à jeun et 60 mg par la suite, elle ne l'est pas, pourtant en pourcentage, le 2 ième a baissé plus bas que le premier.

La quatrième norme est que la baisse d'un dosage horaire à l'autre ne doit pas dépasser 50 mg à partir du dosage horaire de la 1 ière heure, les gens qui ont des baisses importantes comme 100-150 mg ressentent énormément, vivement, leurs symptômes.

Enfin, une dernière norme; au départ, chez une personne ayant un métabolisme normal du côté hydrate de carbone, la glycémie provoquée ne cause aucun problème. Lorsqu'il y a certaines réactions, telles transpiration, somnolence, nervosité, faiblesse, anxiété, sensation de perte imminente de connaissance, etc., il faut penser qu'il y a là très probablement une intolérance aux hydrates de carbone qu'on peut appeler dysinsulinisme, pour les puristes, mais qui se traite tout comme l'hypoglycémie même si les dosages sont normaux; il pourrait également arriver qu'il s'agisse d'intolérance ou d'allergie aux colorants ou aux saveurs artificielles inclus dans le glucose qu'on fait boire.

L'hypoglycémie a un impact important sur l'organisme à cause de son apport nourricier pour les muscles et le cerveau. Rien de surprenant que certains symptômes reliés aux émotions et aux facultés intellectuelles et d'autres symptômes soient reliés au fonctionnement physique.

Déjà, dans les années 50, le Dr Guyland a fait un relevé chez 600 hypoglycémiques, des symptômes qu'ils percevaient:

Nervosité	94%	Problème digestif	69%
Irritabilité	89%	Blanc de mémoire	67%
Épuisement	87%	Insomnie: réveil et in-	
Tremblement	86%	capacité de se rendor-	
Étourdissement	86%	mir	62%
Transpiration froide	86%	Se tracasse constam-	
Faiblesse	86%	ment	62%
Dépression	77%	Anxiété spontanée	62%
Vertige	73%	Confusion mentale	57%
Somnolence	72%	Tremblement interne	57%
Maux de tête	71%	Palpitations	54%

Douleurs musculaires	53%	Vision embrouillée	40%
Engourdissement	51%	Sensation de	
Comportement anti-		démangeaison et	
social	47%	fourmillement	39%
Indécision	50%	Difficulté à respirer	32%
Envie de pleurer	46%	Et baillement	30%
Allergie	43%	Impotence pour	
Frigidité pour la		l'homme	29%
femme	44%	Inconscience	27%
Incoordination	47%	Phobie	23%
Crampes dans les		Intention de suicide	20%
jambes	43%	Dépression sévère	17%
Manque de		Convulsion	2%
concentration	42%		

Je dois ajouter que dans mes 15 dernières années de pratique où environ 70 à 75% de ma clientèle sont des hypoglycémiques, j'ai retrouvé l'un ou l'autre ou plusieurs de ces symptômes chez ces patients.

Les symptômes de ces personnes régressent plus ou moins vite selon une foule de facteurs; tout dépend d'abord de la promptitude à laisser thé, café, chocolat, alcool, tabac, sucre et pâtes alimentaires; à changer certaines habitudes de vie; faire de l'exercice, apprendre à relaxer pour diminuer le stress. On retrouve cependant quand même 5 à 10% d'hypoglycémiques ayant de la difficulté à retrouver leur équilibre; des médecines douces comme l'homéopathie et l'acupuncture aident plusieurs d'entre eux.

Des recherches plus approfondies permettraient de comprendre tous les mécanismes qui jouent dans l'hypoglycémie, par exemple: le rôle précis du pancréas, du foie, des surrénales, même de l'hypophyse et de la thyroïde, rôle du système neuro-végétatif, rôle des vitamines et des minéraux, rôle des protéines et des enzymes et ce, dans chaque cas donné ou du moins dans les cas difficiles; si on pouvait préciser davantage, ce serait bien utile et sans aucun doute moins long pour certains cas.

La médecine étant ce qu'elle est, une science expérimen-

tale, elle ne livre malheureusement ses secrets que petit à petit.

Notre Association répond à un besoin de notre société; c'est pourquoi nous aimerions qu'elle continue à être subventionnée de plus en plus généreusement, par les fonds gouvernementaux dispensés pour le bien-être de cette société. Ces subventions serviraient, il n'y a pas de doute, à mieux faire connaître cette association auprès des médecins et du public, pour les services importants qu'elle peut rendre.

Dr André Sévigny

Texte reproduit avec la permission de l'auteur.

41

VOIE DE LA DIGESTION
ET DE L'ABSORPTION DES ALIMENTS

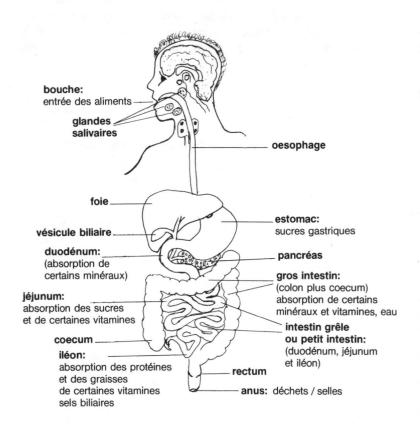

bouche:
entrée des aliments

glandes salivaires

oesophage

foie

vésicule biliaire

duodénum:
(absorption de
certains minéraux)

jéjunum:
absorption des sucres
et de certaines vitamines

coecum

iléon:
absorption des protéines
et des graisses
de certaines vitamines
sels biliaires

estomac:
sucres gastriques

pancréas

gros intestin:
(colon plus coecum)
absorption de certains
minéraux et vitamines, eau

**intestin grêle
ou petit intestin:**
(duodénum, jéjunum
et iléon)

rectum

anus: déchets / selles

3

L'HARMONIE DE NOTRE CORPS: UN TRAVAIL D'ÉQUIPE

LA DIGESTION ET L'ABSORPTION: LA VOIE ROYALE DE LA SANTÉ

La digestion et l'absorption sont d'une importance capitale pour le maintien de notre corps en harmonie avec lui-même et avec la nature, c'est-à-dire pour que nous soyons en bonne santé.

Rappelons-nous que la digestion commence dès qu'un aliment touche la langue. En effet, les enzymes se forment dès que la salive entre en contact avec les aliments mastiqués.

La digestion:

La digestion consiste en la décomposition des aliments ingérés. D'abord complexes, ceux-ci sont réduits en éléments nutritifs plus simples afin de permettre leur absorption par les cellules du corps.

Deux processus entrent alors en jeu:

- **Le processus mécanique appelé "péristaltisme",**

qui est le brassage des aliments dans tout le canal alimentaire (oesophage, estomac, intestin). Par ce mécanisme de contraction des muscles du canal alimentaire, les aliments progressent tout en étant pétris et transformés en bouillie.

- **Le processus chimique: enzymes et bactéries naturelles.** Pour ce processus, des changements sont apportés aux substances ingérées. D'une part, les enzymes et les bactéries transforment les aliments mais, d'autre part, elles s'élaborent et se transforment également grâce aux aliments. En effet, les enzymes se forment à partir des protéines, vitamines et minéraux qui composent les aliments. Elles ont chacune un rôle bien défini à jouer.

Comme on peut le constater, une mauvaise alimentation nuit directement à la digestion.

COMPOSITION DU CORPS
(moyenne)

Homme:

a) eau plus minéraux 70,0%
b) hydrates de carbone 0,5%
c) protéines 8,5%
d) graisses 21,0%

Femme:

a) eau plus minéraux 62,0%
b) hydrates de carbone 0,4%
c) protéines 8,0%
d) graisses 30,0%

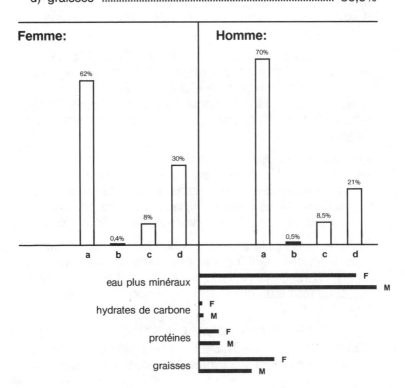

L'absorption:

L'absorption se produit lorsque les aliments transformés par les réactions enzymatiques traversent la paroi intestinale et passent dans le sang. Ce passage s'effectue surtout au niveau de l'intestin grêle (petit intestin) qui joue le rôle d'une passoire.

- **Les protéines (amino-acides)** servent à la fabrication des tissus;
- **Les hydrates de carbone,** convertis en sucre simple, fournissent de l'énergie et servent au transport de l'oxygène au cerveau ainsi que dans tous les tissus;
- **Les matières grasses** se transforment en acides gras (sources concentrées d'énergie).

Toutes ces substances modifiées et simplifiées sont absorbées par le sang pour ensuite nourrir chacune de nos cellules.

Les aliments contiennent donc toute l'**ÉNERGIE** essentielle au bon fonctionnement de notre organisme. Cette énergie sert au travail musculaire, à l'activité nerveuse et cérébrale ainsi qu'à la synthèse de tous nos tissus. Elle se libère lors de l'absorption et du métabolisme des aliments.

Ainsi, les protéines (contenues dans les viandes, les céréales, les noix, les légumineuses, les produits laitiers, etc.), les hydrates de carbone (contenus dans les fruits, les céréales, etc.) et les matières grasses (huiles et tous les gras cachés ou non cachés) constituent des sources d'énergie.

Certains aliments fournissent plus d'énergie que d'autres: plus ils contiennent de calories, plus ils dégagent de l'énergie. Si celle-ci n'est pas dépensée, elle est emmagasinée sous forme de graisse. De là l'importance que prend l'équilibre d'énergie.

LA SANTÉ, C'EST AUSSI L'ÉQUILIBRE ENTRE L'ÉNERGIE ABSORBÉE ET L'ÉNERGIE DÉPENSÉE.
Plusieurs facteurs d'ordre individuel entrent en cause dans

cet équilibre. Parmi les principaux, mentionnons:

- l'hérédité;
- le tempérament;
- la taille;
- le sexe;
- l'âge;
- le métabolisme;
- la qualité des aliments ingérés;
- la forme physique;
- l'état de santé général;
- les exercices physiques;
- le **STRESS**.

Il revient à chacun de nous d'apprendre à se connaître et à évaluer son alimentation. Tel type d'aliment peut très bien convenir à une personne et être très néfaste pour une autre. *L'important n'est pas d'être végétarien, végétalien, frugivore ou carnivore, mais de respecter les éléments suivants:*

- Bien connaître ses besoins et les combler le plus honnêtement possible sans se créer de faux besoins.

- Ingérer des aliments entiers (non transformés, non raffinés) et cultivés biologiquement, c'est-à-dire sans engrais chimiques, sans insecticides ni pesticides, et qui ne renferment aucun préservatif.

- Accorder beaucoup d'importance à la mastication; prendre le temps de bien broyer et imprégner les aliments de salive.

- Manger le fruit au début du repas, suivi des crudités et, ensuite seulement, du mets principal.

- Bannir de son assiette toute forme de sucre.

- Varier ses aliments, mais d'abord et avant tout, mettre l'accent sur la qualité des aliments.

- Éliminer le stress, surtout à l'occasion des repas, car la tension nerveuse agit négativement sur le processus de la digestion et de l'absorption.

- Remplacer le gras animal par de bons gras végétaux (p. ex. les huiles pressées à froid de première pression).

- S'assurer d'une bonne élimination intestinale par l'ingestion de suffisamment de fibres contenues dans les grains entiers, céréales, fruits, légumes et légumineuses.

- Boire 7 à 8 verres d'eau par jour entre les repas: 2 le matin au lever, 2 l'avant-midi, 2 l'après-midi et 2 en soirée.

POUR ARRIVER À TOUTE CETTE HYGIÈNE ALIMENTAIRE, IL FAUT, BIEN SÛR, ÊTRE MOTIVÉ(E) ET SURTOUT PRENDRE CONSCIENCE QUE LA SANTÉ EST D'ABORD "DANS MON ASSIETTE ".

RÔLE DES FIBRES DANS L'ALIMENTATION

Les fibres sont l'enveloppe des plantes, des végétaux; on les appelle aussi cellulose ou membrane cellulaire. Elles sont uniquement d'origine végétale et ne sont pas nutritives. Elles ne peuvent être transformées par les enzymes; donc elles ne sont ni absorbées ni métabolisées par l'organisme. Une fois ingérées, elles cheminent dans le canal digestif sans subir aucune transformation et sans produire de calories.

Les fibres sont, sans conteste, l'élément le plus sousestimé dans notre alimentation. En effet, les sources naturelles de fibres ont été massacrées par le raffinage et le traitement des aliments: pain blanc, céréales complètement dénaturées, etc. De plus, la consommation de fruits et de légumes frais a énormément diminué.

Une alimentation de bonne qualité doit comprendre des fibres de plusieurs sources. Il est important de combiner les fibres de grains entiers à celles des fruits et légumes car chacune possède ses particularités.

Les fibres ont l'heureuse propriété d'absorber l'eau ou tout liquide; elles gonflent ainsi et augmentent par le fait même le volume des selles pour permettre une meilleure élimination. C'est pourquoi une faible quantité de fibres dans l'alimentation quotidienne entraîne un problème de constipation chronique. D'où, également, l'importance de boire beaucoup d'eau (6 à 8 verres d'eau par jour), (cf. chapitre des boissons, p. 91).

Les hypoglycémiques retirent également un autre avantage à consommer une certaine quantité de fibres dans leur régime alimentaire, soit celui de maintenir stable le niveau de glucose sanguin. Les fibres auraient, selon certaines études, cette propriété puisqu'elles ralentissent le taux et la vitesse d'absorption du glucose.

Selon Danièle Starenkyj (que j'estime beaucoup), il faut environ 90 secondes au glucose du jus de pomme pour se rendre aux intestins et, ainsi, arriver au sang alors qu'il faut environ 17 minutes à celui de la pomme entière (avec la pelure) pour s'y rendre. On voit donc que la différence de vitesse d'absorption des sucres est très importante et qu'il ne faut pas craindre de consommer des fibres.

De plus, les fibres favorisent l'élimination des toxines et des déchets de la digestion des aliments. Un intestin normal peut éliminer jusqu'à deux ou trois fois par jour des selles d'un brun plutôt pâle que foncé et sans odeur nauséabonde. En revanche, un intestin constipé est une source de maladies car il s'y accumule des déchets et des toxines.

Enfin, si l'on ajoute des exercices quotidiens — la marche est un excellent moyen — à cette alimentation riche en fibres, on se garantit un bien-être considérable.

Les fibres se retrouvent dans les aliments suivants:

- les céréales non raffinées (blé, avoine, etc.);
- les grains entiers et les noix;
- les légumineuses (lentilles, fèves sèches, etc.);
- les fruits avec pelures (fraises, bleuets, etc.);
- les légumes avec pelures (brocoli, chou, céleri, etc.);
- les légumes à racines (navets, carottes, betteraves).

Est-il nécessaire de rappeler que le riz brun ou le blé entier contiennent trois à quatre fois plus de fibres que le riz ou le pain blancs?

Apprenez à connaître vos besoins en fibres. Si vous n'avez à peu près jamais consommé de fibres, il convient de commencer lentement à le faire, sinon des problèmes de ballonnement et de gaz intestinaux vont s'ensuivre. Un intestin encrassé et négligé depuis des années ne peut se comporter de façon normale et reprendre vigueur d'un seul coup. La santé se construit au fil des ans; il faut donc être patient en cours de rééducation.

**UNE RÈGLE D'OR: MANGEZ DES CÉRÉALES
ENTIÈRES, DES GRAINES, DES NOIX,
DES LÉGUMINEUSES, DES FRUITS ET
DES LÉGUMES FRAIS; MASTIQUEZ BEAUCOUP ET
BIEN. COMMENCEZ CHAQUE REPAS AVEC
UN FRUIT ET DES CRUDITÉS.
C'EST AINSI QUE S'OUVRE LA VOIE DE
LA SANTÉ.**

RÔLE DES PROTÉINES DANS L'ALIMENTATION

Permettez-moi de comparer les protéines aux briques d'une maison. Nous savons tous que les briques sont d'une importance capitale pour un bâtiment puisqu'elles en constituent le matériau de base. Il en va de même des protéines; elles sont à chacune des cellules ce que les briques sont aux murs du bâtiment. Elles jouent une multitude de fonctions dans tout l'organisme et, de plus, elles peuvent être utilisées pour dégager de l'énergie.

En examinant notre corps, de l'extérieur vers l'intérieur, nous constatons que les protéines servent à l'élaboration:

- des ongles — sinon ils deviennent cassants, se dédoublent ou se fendillent;

- des cheveux — faute de quoi ils manquent d'élasticité, cassent et tombent facilement;

- de la peau — pour lui conserver sa souplesse;

- des muscles — qui en réclament plus que la plupart des autres organes de notre corps. Une bonne musculature influence le maintien de tout notre squelette;

- de la charpente osseuse — combien de fractures et de déformations osseuses pourraient être évitées si nos cellules osseuses étaient bien nourries!;

- du cerveau;

- des organes internes — foie, pancréas, reins, etc.;

- des enzymes;

- de l'hémoglobine;

- des hormones — essentielles à la formation des anticorps, base de notre système d'immunité;

- etc.

De tous les éléments nutritifs essentiels à la santé, les protéines sont les seuls à contenir de l'azote. Cette substance est primordiale pour la croissance et la vie de tout être vivant. Les végétaux l'absorbent dans l'air et le sol, mais les humains et les animaux la retirent des protéines qui libèrent les acides aminés lors de la digestion.

Ces acides aminés sont au nombre de 22 et la plupart peuvent être synthétisés par notre corps. Cependant neuf d'entre eux doivent être fournis par notre alimentation quotidienne puisque notre organisme ne les fabrique pas; ils sont dits amino-acides essentiels. D'où l'importance de toujours consommer des protéines complètes à chaque repas.

Bien que les protéines animales soient complètes, il faut en ingérer avec beaucoup de modération en raison de leur carence en fibres, de leur haute teneur en gras saturés, en cholestérol et en toxines ainsi qu'en raison de leurs résidus acides (dans le cas des viandes rouges surtout).

Si vous désirez consommer des viandes, je vous recommande d'éviter surtout le boeuf, le porc et le veau et de vous limiter au poulet, caille, perdrix, lapin et poisson. Dans tous les cas, il importe d'enlever le gras des viandes.

Il est préférable d'élargir votre éventail de sources protéiques par la consommation de céréales entières, de légumineuses et d'oléagineuses. Ces aliments présentent l'avantage de contenir beaucoup de fibres, peu de gras et d'être sans cholestérol ni toxines, s'ils proviennent d'une culture écologique ou biologique. Ils constituent donc un produit totalement propre pour servir de base à votre édifice (votre corps).

Il faut cependant se rappeler que les protéines végétales manquent d'un ou plusieurs acides aminés; pour cette raison, on doit les combiner à l'intérieur d'un même repas.

P.ex.: céréales + noix = une source de protéines complète
ou pain de blé entier + beurre d'arachide (cf. tableau des combinaisons au chapitre des légumineuses et céréales, p. 130 et 139).

De nombreuses personnes pensent que seules les viandes, les produits laitiers et les oeufs constituent de bonnes sources de protéines. Mais non! comme nous venons de le voir, la gamme des protéines végétales est très valable et même excellente, pour ne pas dire souvent préférable. Les végétaux comportent aussi l'avantage d'être moins dispendieux que les produits animaux et leur conservation est plus simple.

Lorsqu'on me demande quelle quantité de protéines ingérer, je réponds que chacun doit s'analyser et définir ses propres besoins.Ce n'est pas avec des tasses à mesurer que l'on bâtit un corps en santé, mais essentiellement avec des aliments de qualité supérieure, c'est-à-dire entiers, non raffinés, de culture biologique, sans engrais chimique ou préservatif et sans antibiotique (dans le cas des animaux).Si nous nous nourrissons d'aliments de la plus haute qualité, notre santé sera également de la plus haute qualité et nous n'aurons plus besoin de tous ces calculs astreignants qui ne nous stressent que davantage et empoisonnent inutilement notre existence.

Soyons à l'écoute de notre personne; étudions nos besoins selon les différentes circonstances et surtout éloignons notre assiette avant que notre ceinture ne nous incommode. **Suivons la mode de notre corps et non celle des autres.** Combien d'adolescents(es) ne sont-ils(elles) pas devenus(es) anorexiques — environ 40% actuellement — parce qu'ils(elles) sont devenus(es) obsédés(es) par ces calculs?

La quantité de protéines essentielles à chaque personne est très variée et dépend d'un grand nombre de facteurs. Ainsi elles sont plus importantes au cours de l'enfance, lors de la grossesse, d'un traumatisme quelconque (p. ex. brûlure) ou d'un stress physique ou psychologique.

Dans le cas de l'hypoglycémie, entre autres, les protéines sont primordiales car tout le système endocrinien (hypophyse, thyroïde, foie, pancréas, glandes surrénales) est continuellement stressé et sollicité. Leur digestion nécessitant environ de 2 à 3 heures, elles apportent des sucres convertis.Elles peuvent ainsi (à 50%) dégager lentement des sucres et, par le fait même, freiner la vitesse d'absorption des autres sucres. Elles collaborent donc à maintenir le niveau du sucre dans le sang, ce qui est capital pour l'hypoglycémique puisque cette personne doit éviter les baisses d'énergie.

Mais il ne faut pas compter exclusivement sur les protéines pour aider à maintenir un niveau de sucre normal dans le sang; les fibres des végétaux (céréales, fruits, légumes, légumineuses) sont d'autres excellentes substances pour freiner la course rapide des hydrates de carbone (ou glucose) vers le pancréas (cf. chapitre des fibres).

Attention! un régime riche en protéines — surtout en protéines animales —peut être épuisant et même néfaste pour le système endocrinien, surtout pour les glandes surrénales qui doivent sécréter beaucoup d'adrénaline pour éviter les baisses du taux de sucre dans le sang. La modération est toujours de mise partout, surtout en matière d'alimentation.

LES GRAISSES OU LIPIDES: LE POUR ET LE CONTRE

Il convient de bien distinguer les *"graisses"* (triglycérides) des *"lipides"*. Retenons simplement que toutes les graisses sont des lipides mais que tous les lipides ne sont pas des graisses. Les lipides renferment, en effet, en plus des graisses, d'autres substances de la même famille que celles-ci: la lécithine (un des phospholipides) et le cholestérol (un des stérols).

Les graisses constituent une source d'énergie concentrée; elles sont deux fois plus énergétiques que les hydrates de carbone et les protéines. Elles sont un élément nutritif très important mais qu'il faut savoir utiliser pour en bénéficier.

Les seules graisses capables de nous procurer à la fois l'énergie et la santé sont les **huiles pressées à froid de**

première pression (cf. chapitre des huiles, p. 147). Une certaine quantité de ces huiles, soit environ 1 cuiller à table par jour (Dr. C. Kousmine), est primordiale pour fournir à l'organisme **l'acide gras essentiel**, c'est-à-dire l'acide linoléique, nécessaire à la synthèse d'autres acides gras importants. L'organisme ne peut synthétiser ces gras essentiels; il faut donc les trouver dans la nourriture.

Outre qu'ils constituent une source d'énergie concentrée, ces acides gras jouent plusieurs rôles dans l'organisme:

- dans le transport des vitamines A, D, E et K;

- dans la structuration des membranes cellulaires;

- dans le métabolisme de la digestion et de l'énergie;

- dans tout l'influx nerveux;

- dans la mémoire;

- comme pare-chocs pour certains organes (coeur, poumons);

- comme isolant contre le froid;

- etc.

Un des premiers symptômes d'une carence en acides gras essentiels est une peau écailleuse. Cependant, un apport excessif de mauvaises graisses exige un travail supplémentaire de tout l'organisme (surtout du coeur).

Devant la montée en flèche du taux de cholestérol et de l'obésité, il est temps de réagir et de se prendre en main.

Par ailleurs, lorsque l'on traite du rôle des lipides, on ne peut passer l'un d'entre eux sous silence: **la lécithine.** Celle-ci se trouve dans toutes les membranes cellulaires et tissus du corps; elle constitue un élément essentiel du cerveau, du foie, du coeur, du système nerveux et de toutes les glandes endocrines.

En tant que composante du système nerveux, la lécithine est très importante pour les hypoglycémiques. Elle joue également un grand rôle dans la réduction du taux de cholestérol puisqu'elle diminue la grosseur de ses molécules. Lorsque les molécules de cholestérol sont trop grosses, elles restent collées aux parois des artères (vaisseaux sanguins), leur imposant un travail supplémentaire nuisible à long terme. D'où l'importance d'absorber une bonne quantité de lécithine chaque jour — en granules, en capsules ou directement dans l'alimentation.

Dans les aliments, on retrouve la lécithine principalement dans les fèves de soya, les oeufs et les graines de tournesol.

Une autre huile très recommandée contre les maladies cardio-vasculaires et le syndrome prémenstruel dont plusieurs hypoglycémiques sont victimes, est l'**huile d'onagre**. Extraite de la graine de "l'onagre bisannuel" ou "Belle de nuit", cette huile est riche en acides gamma linoléiques (AGL) et en acides linoléiques, acides gras essentiels.

L'huile d'onagre se trouve sur le marché sous forme de capsules.

Il convient également de parler du **cholestérol** dont nous avons appris à nous méfier mais qui constitue un élément normal dans l'organisme. Il est utilisé dans la formation des acides biliaires et de certaines hormones.

L'important est de maintenir le taux de cholestérol à un niveau normal dans l'organisme par une bonne hygiène alimentaire et un mode de vie en harmonie avec la nature, à la manière dont je parle tout au long de ce volume.

Les graisses sont de digestion lente (en moyenne, quatre heures). Dans l'alimentation des hypoglycémiques, elles peuvent donc servir de freins aux hydrates de carbone (sucres des fruits, des légumes, céréales, etc.). Au début du contrôle de l'hypoglycémie, mangez les fruits, les légumes surtout, avec un lipide ou gras (p. ex.: une pomme avec une aveline ou une noix quelconque).

Toutes les graines et les noix, lorsqu'elles sont fraîches — il est préférable de les acheter dans l'écale — constituent d'excellentes sources de gras. On les appelle les gras cachés (cf. chapitre des noix et des graisses, pp. 135-136).

LES HYDRATES DE CARBONE (SUCRES OU GLUCIDES)

Les personnes hypoglycémiques s'attaquent souvent aux hydrates de carbone en pensant qu'ils constituent l'unique cause de leurs maux. Elles n'ont que partiellement raison puisqu'ils ont d'autres alliés aussi coupables qu'eux: toutes les céréales raffinées, toutes les huiles commerciales et autres aliments ayant été transformés, c'est-à-dire défigurés en fonction d'intérêts financiers évidents.

Pourtant, les hydrates de carbone sont essentiels au métabolisme de l'énergie et doivent faire partie de toute alimentation bien équilibrée. L'important est de les connaître et de savoir où en puiser les bonnes sources.

Les graines entières, les légumes, les fruits en sont surtout les sources par excellence pour une santé optimale. Ces aliments renferment des fibres jouant un rôle important dans l'élimination intestinale, l'élimination des toxines et freinant la vitesse d'absorption des sucres. Ils contiennent également la gamme des vitamines et minéraux agissant comme catalyseurs.

Rappelons-nous que les glucides ou hydrates de carbone constituent le carburant de toutes les fonctions corporelles. Les tissus les réclament constamment sous forme de glucose, dans toutes les réactions métaboliques. Tous les aliments peuvent être transformés en glucose dans le sang.

LES HYDRATES DE CARBONE SE DIVISENT EN TROIS GROUPES:

1. Les monosaccharides (un sucre simple);

2. Les disaccharides (deux sucres simples):

On les dit sucres rapides parce que leur digestion est

rapide (de 5 à 10 minutes).

Ils sont contenus:

- dans les fruits et les jus **(les jus sont à rayer de notre alimentation)**;
- dans les légumes A principalement (cf. p. 141);
- dans le lait, le yogourt et les produits laitiers;
- dans le miel et le sucre de table **(ces aliments doivent aussi être bannis de notre menu).**

N.B.:Quand vous serez rétabli(e), vous pourrez vous permettre le miel à l'occasion, mais à l'occasion seulement et en petite quantité à l'intérieur d'une recette (cf. tableau des sucrants, p. 63).

3. Les polysaccharides (sucres complexes, formés de la liaison de nombreux groupes de sucres).

Ces sucres sont dits lents car leur digestion est plus lente que les sucres ci-dessus, soit 30 minutes environ.

Ils sont contenus:

- dans les féculents: céréales entières ou tout aliment contenant des céréales entières (blé, riz, maïs, etc. (cf. chapitre des céréales, p. 129);
- dans les pâtes alimentaires entières ou blé, soya ou sarrasin;
- dans les pommes de terre et le maïs sous toutes ses formes.

Il convient de les manger accompagnés d'une protéine ou d'un lipide (gras) (p. ex. une tranche de pain de céréales entières avec du fromage).

Au début du contrôle de l'hypoglycémie, il convient de manger les sucres rapides ou plus lents en compagnie d'une protéine ou d'un lipide (gras). Comme les protéines et les lipides sont de digestion lente (deux heures pour les protéines et quatre heures pour les gras), il faut les combiner aux aliments de digestion rapide ou plus lente. Donc, ces protéines et lipides servent de freins aux hydrates de carbone.

NE MANGEZ JAMAIS LE FRUIT SEUL OU LE LÉGUME A:

p.ex.:

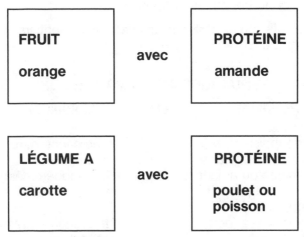

FRUIT

orange

avec

PROTÉINE

amande

LÉGUME A

carotte

avec

PROTÉINE

poulet ou poisson

(cf. tableau des combinaisons et de vitesse d'absorption des aliments, pp. 61-62).

Toutes ces précautions revêtent de l'importance au début du contrôle de l'hypoglycémie et parfois pendant un an et plus. Les éléments dont il faut se rappeler avant tout sont les suivants:

- ne manger que des aliments sains et entiers;
- varier ses aliments et ne manger que de petites quantités de chaque variété;
- se donner du temps pour récupérer;
- diminuer le stress en déterminant quels moyens sont adaptés à soi.

Pour une meilleure compréhension de la façon dont il convient d'ingérer les hydrates de carbone, consulter le tableau suivant:

MANGEZ LES ALIMENTS SUIVANTS

Fruits entiers

Légumes A (cf. liste, p. 142)

Lait, yogourt et autres produits laitiers

Féculents (pain, céréales entières, grains entiers, pâtes entières, etc.

TOUJOURS ACCOMPAGNÉS DE

Protéines	et/ou	Lipides (gras)
viande, poisson, noix, graines, beurre d'arachide ou amande, tofu ou tout produit fait de soya, légumineuses (pois, fève, etc.).		gras caché dans les produits laitiers (très modérément), huiles pressées à froid de première pression, mayonnaise maison, olives, noix, beurre de noix, avocat, etc.

EXEMPLES DES COMBINAISONS

Orange (1) avec amandes (a)

Carottes râpées (1) avec mayonnaise maison (b)

Pain (3) avec fromage maigre (a)

Craquelins (3) avec olives (b)

Yogourt (2) avec biscuits maisons (3)

N.B.: Les protéines et les lipides (gras) freinent la vitesse d'absorption des sucres et évitent ainsi une surcharge au pancréas.

COMBINAISON DES ALIMENTS
EN DÉBUT DE CONTRÔLE DE L'HYPOGLYCÉMIE
SELON LEUR VITESSE D'ABSORPTION DANS LE SANG

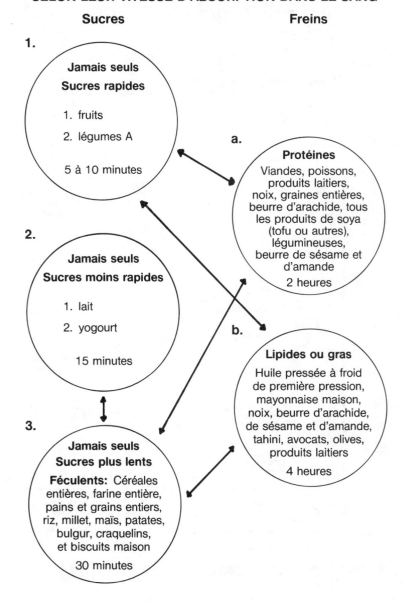

Sucres

Freins

1.

Jamais seuls
Sucres rapides

1. fruits
2. légumes A

5 à 10 minutes

a.

Protéines
Viandes, poissons,
produits laitiers,
noix, graines entières,
beurre d'arachide, tous
les produits de soya
(tofu ou autres),
légumineuses,
beurre de sésame et
d'amande
2 heures

2.

Jamais seuls
Sucres moins rapides

1. lait
2. yogourt

15 minutes

b.

Lipides ou gras
Huile pressée à froid
de première pression,
mayonnaise maison,
noix, beurre d'arachide,
de sésame et d'amande,
tahini, avocats, olives,
produits laitiers
4 heures

3.

Jamais seuls
Sucres plus lents
Féculents: Céréales
entières, farine entière,
pains et grains entiers,
riz, millet, maïs, patates,
bulgur, craquelins,
et biscuits maison
30 minutes

VITESSE D'ABSORPTION
DU SUCRE DES ALIMENTS DANS LE SANG

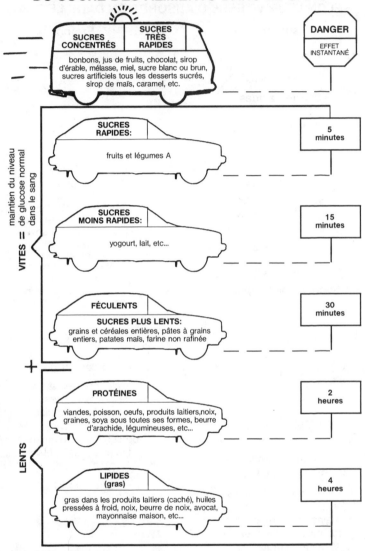

SUCRES CONCENTRÉS	**SUCRES TRÈS RAPIDES**		**DANGER**
bonbons, jus de fruits, chocolat, sirop d'érable, mélasse, miel, sucre blanc ou brun, sucres artificiels tous les desserts sucrés, sirop de maïs, caramel, etc.			EFFET INSTANTANÉ

VITES = maintien du niveau de glucose normal dans le sang

SUCRES RAPIDES:
fruits et légumes A — **5 minutes**

SUCRES MOINS RAPIDES:
yogourt, lait, etc... — **15 minutes**

FÉCULENTS
SUCRES PLUS LENTS:
grains et céréales entières, pâtes à grains entiers, patates maïs, farine non rafinée — **30 minutes**

+

PROTÉINES
viandes, poisson, oeufs, produits laitiers, noix, graines, soya sous toutes ses formes, beurre d'arachide, légumineuses, etc... — **2 heures**

LENTS

LIPIDES (gras)
gras dans les produits laitiers (caché), huiles pressées à froid, noix, beurre de noix, avocat, mayonnaise maison, etc... — **4 heures**

1. Les sucres concentrés et très rapides à effet instantané sont **très déconseillés** (excitants, puis déprimants).

2. Les sucres rapides, moins rapides et plus lents doivent être mangés avec les protéines et les lipides. Ces deux derniers agissent comme des freins, réduisant la vitesse d'absorption des 3 autres et évitant de surexciter le pancréas.

4

LORSQUE S'IMPOSE UN CHANGE-MENT D'ASSIETTE

SUCRES ET SUCRANTS

Il est maintenant prouvé que l'excès de sucre est à l'origine de plusieurs maux de notre civilisation dont, dans une large mesure, l'hypoglycémie. Pourtant, les fabricants de produits alimentaires incorporent presque systématiquement sucres et sucrants dans tous leurs aliments.

Il n'est donc pas difficile de comprendre pourquoi tant de personnes souffrent d'obésité, de problèmes dentaires, de diabète, de maladies nerveuses ou mentales. La cause de ce mal est, en premier lieu, l'**IGNORANCE**. De nombreuses personnes ignorent en effet que les sucres concentrés n'ont aucune valeur alimentaire ou nutritive. Elles font également l'erreur de croire que les sucres naturels ne dérangent pas l'organisme. Pourtant, le pancréas ne fait pas de distinction entre les bons et les mauvais sucres. L'absorption de ceux-ci élève presqu'instantanément le taux de glucose dans le sang, entraînant un surcroît de travail pour les glandes endocrines (foie, reins, thyroïde, hypophyse, etc.).

Leur assimilation brûle les vitamines du groupe B et il en résulte une grande nervosité et de l'excitation.

Le sucre blanc et la cassonade, de même que le sirop d'érable ou de maïs sont dangereux pour la santé et toxiques. Notre société souffre incontestablement d'une intoxication quotidienne au sucre.

Voici la liste des différentes sortes de sucre et leur valeur alimentaire:

- **Le sucre brut:**

C'est un produit très raffiné et sans aucune valeur alimentaire; il ne contient que des calories.

- **Le sucre blanc:**

Plus raffiné que le sucre brut, il est lavé à l'aide de chaux et filtré au charbon pour le blanchir. Il constitue le produit chimique le plus couramment utilisé et ne comporte aucune valeur alimentaire.

- **Le sucre brun ou cassonade:**

Il se compose de sucre blanc, coloré avec de la mélasse. Sa valeur alimentaire est nulle.

- **La mélasse:**

Elle est un sous-produit du raffinement du sucre. La mélasse "blackstrap" est le résidu de la dernière extraction. Elle est très concentrée en minéraux (fer, calcium, zinc) mais elle est également pleine de pesticides.

- **Le sirop de maïs:**

Ce sirop est très raffiné et n'a aucune valeur nutritive.

- **Le fructose:**

Il s'agit d'un sucre naturel contenu dans les fruits et le miel. Le fructose en poudre ou liquide du commerce est aussi raffiné que le sucre blanc; il n'a donc aucune valeur nutritive.

- **Le sirop de sorgho (sorghum):**

Dérivé du millet, ce sirop contient surtout de la levulose

fructose. Il est riche en minéraux, mais sa concentration est nuisible et il constitue un excitant pour le pancréas.

- Le malt (maltose):

En poudre ou en sirop, le malt provient de la germination du blé, de l'orge ou du maïs. Il est un sucre simple et sa valeur alimentaire est limitée.

- Le sucre des fruits:

Il ne faut surtout pas l'oublier; c'est avec lui que nous devons sucrer nos desserts. L'eau de trempage des fruits contient beaucoup de sucres naturels; on peut donc l'utiliser dans les recettes.

- Le miel naturel:

Produit par les abeilles à partir du nectar des fleurs, le miel est un sucre complexe contenant plusieurs sortes de sucres, incluant la sucrose. Il contient des vitamines et des minéraux; il sucre deux fois plus que le sucre blanc.

Il convient de choisir un miel local et cru. Mais, rappelons-nous qu'un pancréas d'hypoglycémique ne le tolère guère plus que les autres formes de sucre.

- Les fruits séchés:

On ne doit les consommer qu'en très petites quantités (cf. tableau des fruits séchés, p. 143).

De toute façon, nous n'avons besoin que de très peu d'hydrates de carbone et nous les trouvons naturellement dans tous les fruits, légumes, céréales et légumineuses. Donc, les desserts ne doivent se prendre qu'à l'occasion seulement, et il est toujours possible de les sucrer avec des fruits.

Les fruits frais doivent devenir nos apéritifs et nos desserts préférés. Je dis bien nos apéritifs, car il est très conseillé de les consommer au début du repas et de bien les mastiquer. En effet, la mastication du fruit l'imprègne de salive et incite toute la voie stomacale (oesophage, estomac) à se bien préparer pour la réception du reste du bol alimentaire. De nombreuses enzymes se forment ainsi par la mastication;

elles sont indispensables à une bonne digestion et à une bonne assimilation (cf. chapitre de la digestion et de l'absorption, p. 43).

Si, à la fin du repas, vous désirez terminer par un dessert, une pâtisserie quelconque, ils doivent être de fabrication familiale (maison), c'est-à-dire seulement sucrés à l'aide de fruits naturels, frais ou séchés.

Attention à la quantité d'hydrates de carbone ingérés au cours d'un repas! l'excès est toujours nuisible au pancréas et à plusieurs autres organes.

Il est très déconseillé à toutes les personnes hypoglycémiques et à celles qui veulent éviter de le devenir de consommer tous les sucres concentrés, c'est-à-dire:

- bonbons et chocolat;

- confitures, gelées et marmelades commerciales;

- tous les sucres énumérés au tableau intitulé "Lire les étiquettes", p. 67;

- les fruits séchés et confits ne doivent être consommés qu'en très petite quantité au début du contrôle de l'hypoglycémie.

C'EST À CHACUN DE NOUS
QUE REVIENT LA DÉCISION
DU CHANGEMENT D'ALIMENTATION.
UNE FOIS LES FAITS CONNUS, ON NE PEUT PLUS
PÉCHER PAR IGNORANCE. RESTE ENCORE
LE RISQUE DE SUCCOMBER À LA FACILITÉ... À
NOUS DE RÉSISTER. BONNE CHANCE!
DIRE NON MERCI S'AVÈRE TRÈS BÉNÉFIQUE, NE
L'OUBLIONS PAS!

LIRE LES ÉTIQUETTES ET ÉLIMINER TOUT PRODUIT CONTENANT DU SUCRE

Tous les sucres énumérés ci-dessous constituent d'abord des excitants pour le pancréas, mais ils dépriment ensuite l'ensemble de l'organisme.

Notre organisme, (surtout pancréas) ne fait pas la différence entre les bons sucres et les mauvais sucres

Glucose
Dextrose
Maltose
Sucrose
Fructose
Levulose
Saccharose (sucre blanc)
Mélasse
Dextrine
Sorgho
Caramel
Miel
Cassonade
Sucre liquide
Sirop d'érable
Sucre inverti
Sucre brut, en poudre
Une personne mange de 115 à 130 livres de sucre par année en Amérique du Nord. Un surplus ou excès de sucre (même du miel) produit un déséquilibre du taux de sucre dans notre système sanguin, ce qui est aussi nuisible que l'alcool ou les drogues...

Le pancréas réagit en sécrétant trop d'insuline et celle-ci permet une trop grande absorption de sucre par les cellules.

Les substituts du sucre ou édulcorants doivent disparaître aussi de notre alimentation

Sorbitol   sucres
Mannitol   alcool
Xylitol
Saccharine
Cyclamate
Aspartame
Sucaryl
Égal
Hermesetas, Nutri Sweet, etc.

Outre qu'ils sont des excitants pour le pancréas, ils contiennent des substances cancérigènes.

L'étiquette énumère les ingrédients par ordre décroissant de proportion dans l'aliment. Attention! Lisez-la attentivement! Votre santé en dépend.

L'ANCIEN ET LE NOUVEAU GARDE-MANGER

Ancien	Nouveau garde-manger Biologique, si possible
1 Pain blanc	1 Pain de blé entier fait au levain
2 Farine blanche	2 Farine de blé entier ou autres grains de nature biologique (si possible).
3 Céréales raffinées en boîtes	3 Céréales entières, ex.: Millet, flocons d'avoine, céréales à plusieurs grains
4 Riz blanc	4 Riz complet
5 Orge perlé	5 Orge mondé
6 Pâtes alimentaires blanches	6 Pâtes alimentaires faites de farine entière
7 Boîte de préparation à gâteaux ou à pizza	7 Sac de farine entière au congélateur (cf. chapitre des recettes)
8 Sel	8 Sel marin ou algues séchées

9 Bovril ou cubes de bouillon de poulet ou de boeuf	**9** Poudre de bouillon de légume, miso, tamari
10 Sauce soya commerciale	**10** Tamari, miso
11 Vinaigre blanc	**11** Jus de citron
12 Huile végétales raffinées (commerciales) (cuisson)	**12** Huile végétale pressée à froid. - Huile végétale pressée à froid de 1ère pression (salade).
13 Cacao au chocolat en poudre	**13** Poudre de caroube
14 Jus de fruits	**14** Eau, tisane
15 Thé, café, Ovaltine, Postum, etc.	**15** Café de céréales, boisson à la tubercule de Dahlia
16 Boissons gazeuses (7up ordinaire ou diète)	**16** Eau de source, eau minérale pétillante
17 Beurre d'arachides hydrogéné	**17** Beurre d'arachides naturel
18 Fécule de maïs	**18** Farine de marante

19 Pâtisseries sucrées	19 Pâtisseries maison sucrées aux fruits naturels
20 Épices fortes	20 Basilic, thym, cannelle, muscade, gingembre, coriande, fenouil, etc.
21 Crème de tomates	21 Tomates entières
22 Sucres blancs et autres	22 Fruits frais et séchés
23 Gélatine commerciale	23 Agar agar (cf. algues p. 158)
24 Levure chimique	24 Levain (cf. recettes)
25 Poudre à pâte o avec alun	o 25 Poudre à pâte sans alun
26 Graisses commerciales	26 Huile pressée à froid ou pressée à froid de première pression
27 Margarine	27 Huiles (voir ci-dessus)
28 Mayonnaise commerciale	28 Mayonnaise maison
29 Chapelure commerciale	29 Falafel

Cette liste pourrait s'allonger; je vous laisse le soin de la compléter. S'il vous plaît, ne tentez pas de réaménager votre garde-manger d'un seul coup ou en un seul jour. Prenez le temps nécessaire, par exemple, en apportant un changement à chaque nouvelle épicerie. Vous savez, j'ai dû faire ce remue-ménage moi-même; je sais ce qu'il en coûte mais aussi combien cela rapporte. Ainsi, aujourd'hui, au lieu d'avoir un pied dans la tombe, j'ai retrouvé la santé et je marche solidement, pleine de vie.

N.B. Tous ces aliments se retrouvent surtout dans les marchés d'aliments naturels.

POURQUOI LES COLLATIONS?

Les collations sont très importantes en début de contrôle de l'hypoglycémie mais tous n'en éprouvent pas le besoin au même degré. Il convient donc d'examiner la courbe du test d'hyperglycémie provoquée de cinq heures pour déterminer ses propres besoins et réactions.

Les collations collaborent à maintenir le niveau normal de glucose sanguin en empêchant les baisses d'énergie durant le jour et la nuit. Certaines personnes ont parfois besoin de deux collations en soirée pour réussir à passer une bonne nuit de sommeil, sans agitation ni transpiration, et s'éveiller en forme, avec le goût d'entreprendre une nouvelle journée.

Il est important de prendre votre collation une demi-heure avant la baisse d'énergie. Ainsi, si la baisse a été enregistrée sur votre courbe à la troisième heure, vous devez collationner deux heures et demie après avoir mangé.

Les collations doivent se composer d'aliments entiers, non raffinés et sans aucun succédané de sucre. Seuls les fruits doivent sucrer les aliments. Il s'agit alors de combiner ces aliments selon leur vitesse d'absorption dans le sang (cf. tableau des combinaisons, p. 62).

En général, vous avez besoin d'une collation l'avant-midi, une l'après-midi et une ou deux en soirée, selon vos réactions. Les collations de soirée doivent être plus importantes en raison du grand nombre d'heures qui s'écoulent sans absorption de nourriture.

Vous devrez prendre ces collations aussi longtemps que vous sentirez des baisses d'énergie. Il arrive souvent que nous n'arrivions à nous en passer que six mois, un an, un an et demi ou deux ans après le début du contrôle de l'hypoglycémie. Tout dépend de la capacité de récupération de chaque personne et de sa motivation à bien se nourrir selon ce guide d'hygiène de vie.

Pour assurer votre bien-être, vous devez respecter les points suivants:

- Bien planifier et prendre vos repas à des heures régulières et vos collations une demi-heure avant la baisse d'énergie;
- Ne manger que des aliments entiers et non raffinés;
- Ne pas manger plus que deux à trois fruits par jour et, en saison froide surtout, diminuer la consommation de fruits acides et de viandes rouges;
- Respecter les combinaisons alimentaires suggérées;
- Toujours apporter votre collation;
- Adapter la quantité de nourriture consommée les jours de grande activité;
- En situation d'urgence, manger un fruit juteux accompagné d'une protéine ou de levure de bière, bien respirer et se détendre.

COLLATIONS DE JOUR

Les quantités qui apparaissent ci-dessous ne constituent que des suggestions; elles peuvent varier d'une personne à l'autre en fonction du métabolisme et des situations particulières.

Soyez à l'écoute de votre corps et adaptez votre consommation à vos besoins. L'important est de consommer une protéine ou un lipide (gras) en même temps que les hydrates de carbone pour freiner l'absorption des sucres.

Symboles:

☐ : protéine concentrée dans l'aliment;

• : lipides (gras) dans l'aliment.

1. 1/2 à 1 fruit frais avec 1/4 à 1/2 tasse (60 ml à 125 ml) de yogourt nature☐ avec 1 à 2 craquelins au blé entier et sésame).

2. 1 oz (30 g) de fromage cottage☐ avec 1 à 2 craquelins de lentilles germées, 1/2 à 1 fruit frais.

3. 1/2 tasse (125 ml) de boisson yogourt☐ teinté avec 1/2 à 1 muffin• à l'avoine et aux figues).

4. 2 galettes de riz brun soufflé avec 1/2 (125 ml) tasse de compote de pommes maison et 5 à 10 noix☐.

5. 1 tranche d'un pouce (2,5 cm) de pain aux bananes☐ avec une tisane de fleurs de bleuets.

6. 1/4 à 1/2 tasse (60 ml à 125 ml) de croustillades de pommes• sur 1/4 (60 ml) de tasse de yogourt☐ parsemé de 2 c. à table (30 ml) de son de blé.

7. 1/2 tasse (125 ml) de pouding aux tofu☐ et fraises, agrémenté de 1 c. à table (15 ml) de graines de tournesol☐ et de 1 c. à table (15 ml) de son de blé.

8. 1/2 tasse (125 ml) de pouding au riz et millet☐ surmonté de 1 c. à table (15 ml) de graines de citrouille☐.

9. 1 tranche de pain fait sur levain avec 1 c. à table (15 ml) de beurre d'amande☐ décoré de quartiers de pêche fraîche.

COLLATIONS DE SOIRÉE

Ces collations sont principalement conçues pour être prises en soirée; on peut cependant s'en inspirer pour celles de jour.

1. 1 tranche de pain fait au levain et sans sucre avec 1 c. à table (15 ml) de beurre d'arachide▪; tisane de menthe poivrée (calmante et antispasmodique).

2. 1 muffin• aux fruits de blé entier avec 1 oz (30 g) de fromage blanc▪ non coloré et non recouvert de cire (chercher le cheddar agrobio); tisane de valériane (calmante et sédative).

3. 1/2 tasse (125 ml) de céréales 8 grains avec 1/2 tasse (125 ml) de yogourt▪ nature agrémenté de quelques noix de Grenoble entières▪.

4. 1 tranche de 1/2 pouce (2,5 cm) de pain aux dattes entières et noix de Grenoble▪ avec 1/4 de tasse (60 ml) de fromage cottage▪; tisane de sauge (antisudorale).

5. 1 tranche de pain entier fait au levain et sans sucre avec 1/4 de tasse (60 ml) de crème pâtissière aux fruits parsemée de graines de sésame moulues▪ (1 c. à table ou 15 ml); tisane de passiflore (soporifique et calmant l'activité cérébrale).

6. 1 muffin• à l'avoine et aux figues avec 1/2 tasse (125 ml) de yogourt▪ maison et quelques noix d'acajou▪; tisane de pissenlit (pour soulager la constipation).

7. 1 portion de végépâté avec un gratiné de fromage cheddar agrobio▪; tisane de boldo ou de verveine (agissant sur les fonctions hépato-intestinales).

N.B.: Se référer au chapitre des recettes pour ces collations (pp. 71-73)

Si vous êtes une personne qui engraisse facilement, diminuez les portions à l'heure des repas pour laisser place aux collations.

Au début du contrôle de l'hypoglycémie, il est préférable de manger plus souvent et d'ingérer de petites quantités.

Restez sur votre appétit et faites graduellement de l'exercice.

UNE BONNE JOURNÉE ALIMENTAIRE
(En début de contrôle)

LEVER: 1 à 2 verres d'eau
DÉJEUNER:

- 1 à 2 galettes de sarrasin et millet (cuites dans l'huile pressée à froid)
- 1 once (environ) de fromage cottage sur les galettes
- Yogourt nature
- 1/2 banane
- Boisson de céréales (facultatif pour quelqu'un qui préfère boire en-dehors des repas).

COLLATION:
- Une quinzaine de raisins frais
- Une dizaine d'amandes bien mastiquées (1 à 2 verres d'eau dans l'avant-midi)

DÎNER:

- comme entrée: un petit morceau de pomme (1 quartier)
- un peu de chou lacto-fermenté (choucroute)
- bol de salade: mariage de salade verte
- 1 truite farcie aux pommes sur un riz nature aromatisé d'huile d'olive pressée à froid de 1 ière pression
- Champignons cuits
- Petites fèves vertes

COLLATION:
- 1 muffin aux figues et quelques noix d'acajou
- 1 tisane de luzerne et menthe (un verre d'eau au cours de l'après-midi)

SOUPER:

- un petit quartier de pomme jaune
- assiette de crudité avec mayonnaise croquante
- soupe "source vive"
- pizza aux noix de pins
- brocoli à volonté
- tisane de Boldo (facultative)

COLLATION:

- 2 à 3 craquelins ou blé entier et sésame
- une bonne portion de beurre d'amande ou beurre d'arachides
- une petite demi-poire saupoudrée de son de blé et un morceau de fromage
- tisane ou boisson au dahlia

N.B.: Ce menu, constitué à partir des recettes de ce volume, n'est qu'un exemple.

Prenez soin de toujours très bien mastiquer pour une meilleure absorption de la nourriture, donc une meilleure récupération.

JOURNAL ALIMENTAIRE POUR UNE ANALYSE QUOTIDIENNE

Jour: _____

HEURE DU LEVER: _____
MALAISES AU LEVER: _____

DÉJEUNER: H	MALAISES	COLLATION: H	MALAISES
		1ière	
		2ième	

DÎNER: H	MALAISES	COLLATION: H	MALAISES
		1ière	
		2ième	

SOUPER: H	MALAISES	COLL. SOIRÉE H	MALAISES
		1ière	
		2ième	

HEURE DU COUCHER:

Ce journal est suggéré principalement pour les personnes éprouvant des malaises persistants même après qu'elles ont changé leur alimentation comme je le propose dans ce volume. Il peut permettre de déceler certaines intolérances alimentaires et les raisons des baisses d'énergie.

Procédé:

1. Inscrivez tout ce que vous avez mangé durant la journée et ce, dans les moindres détails.

2. Notez, si possible, les quantités (approximatives).

3. Notez tous les malaises ressentis s'il y a lieu.

4. Remplissez un tableau par jour

5. Faites de même pendant une semaine (7 jours).

6. Procédez à l'analyse alimentaire de ces 7 jours; il est probable que vous découvrirez les causes de vos malaises, intolérances et baisses d'énergie.

7. Faites appel à une personne ressource de l'Association des hypoglycémiques du Québec si vous éprouvez de la difficulté à analyser ce journal. Elles se feront un plaisir de vous conseiller.

8. L'auteure est personne ressource dans la région de Trois-Rivières, Cap-de-la-Madeleine et toute la zone 04.

LES SUPPLÉMENTS ALIMENTAIRES

La personne hypoglycémique subit les conséquences de nombreuses années de mauvaise alimentation et de stress. Elle doit donc, de toute urgence, changer d'abord et avant tout le contenu de son assiette tel que je le décris tout au long de ce volume et diminuer le stress qu'elle ressent.

Pour certaines personnes, les suppléments alimentaires — ajouts de protéines, vitamines et minéraux à l'alimentation — deviennent des béquilles leur faisant remettre à plus tard les changements fondamentaux qu'elles doivent apporter à leur alimentation quotidienne.

Il convient de se rendre compte que des mégadoses de protéines, vitamines et minéraux n'empêchent pas, même si elles sont d'une grande utilité parfois, la nourriture dénaturée de continuer de nous détruire. Il faut donc éliminer de notre assiette le "fast food", les aliments raffinés, ceux qui contiennent sucres, toxines telles les sulfites, nitrites, glutamate monosodique, colorants alimentaires, pesticides, insecticides, etc., sans oublier les antibiotiques que nous assimilons en mangeant la chair des animaux traités par ces médicaments, de même que tous les médicaments qui nous empoisonnent à petit feu.

Une fois notre régime alimentaire rétabli, les suppléments de protéines, vitamines et minéraux peuvent cependant être utiles pour combler certaines carences, surtout au début du contrôle de l'hypoglycémie, lorsque la personne est en état d'épuisement, de dépression, de "burn out", etc. Cet apport supplémentaire doit toutefois être temporaire, circonstanciel et bien choisi en fonction des besoins de chacun.

Voyons les plus importants suppléments pour l'hypoglycémique.

Tout le complexe vitaminique du groupe B est d'une extrême importance car l'assimilation des sucres absorbés depuis des années en a exigé une grande dépense. Les vitamines de ce groupe favorisent la reconstitution du système nerveux. On en trouve une source importante dans la levure de bière, le torula ou l'engévita. On peut en consommer à chaque repas. Si l'on prend la vitamine B en comprimé, il faut s'assurer de prendre tout le complexe, car chacune de ses composantes est nécessaire et agit en étroite collaboration avec les autres.

Nourriture du cerveau et du système nerveux, **la lécithine** constitue le deuxième supplément en importance (cf. chapitre des graisses, p. 54).

La vitamine E prend la troisième place puisqu'elle aide surtout à l'oxygénation des cellules nerveuses en agissant comme antioxydant. Elle est la vitamine du muscle par excellence. Le coeur étant un muscle, la circulation sanguine se trouve améliorée par la consommation de cette vitamine. Elle joue, de plus, un rôle important dans l'équilibre hormonal. Sa source alimentaire principale est le blé germé cru et les céréales entières (cf. chapitre de la germination, p. 156 et tableau des vitamines, p. 82).

Vient ensuite **la vitamine C**, reconnue comme un antistress, un antibiotique naturel et un anticancéreux. Selon Adèle Davis, *Les vitamines ont leurs secrets*, cette vitamine sert de remède préventif ou curatif aux empoisonnements chimiques mais est détruite par n'importe quelle sorte de médicament. Elle sert également à la désintoxication des corps cétoniques produit par l'oxydation incomplète des graisses lorsque le taux de glucose (glycémie) tombe au-dessous de la normale.

Soulignons ici l'importance du **zinc** et du **chrome** qui collaborent directement, avec l'insuline, dans le contrôle de l'hypoglycémie. Le zinc se trouve surtout dans les crustacés, le son de blé, les harengs et le foie, et le chrome, dans les céréales de grains entiers et les palourdes.

Le **calcium** est également un supplément indispensable dans la lutte contre l'hypoglycémie. En effet, beaucoup de personnes souffrant de cette maladie présentent une carence prononcée en calcium, carence qui s'explique par le fait que les sucres — généralement consommés en quantité abondante — acidifient l'organisme et exigent une très grande quantité de calcium pour l'alcaliniser, c'est-à-dire pour débarrasser l'organisme de l'acidose provoquée par cette consommation de sucres excessive. Les crampes musculaires— principalement aux mollets et aux pieds — constituent le principal symptôme de cette carence en calcium. En dehors des produits laitiers, on trouve des sources concentrées de calcium dans la poudre d'os (cf. tableau des vitamines, p. 82).

Je dois, ici, faire une mise en garde à propos de certaines compagnies qui fabriquent des suppléments alimentaires en y introduisant des quantités et des variétés importantes de substances sucrantes — sucre, glucose, dextrose, fructose, sirop de maïs, maltose, etc. (cf. tableau des sucrants, p. 63). Il est évident que lorsque la personne hypoglycémique a besoin de calcium ou d'un supplément vitaminique quelconque, elle n'a pas besoin de tous ces sucres pour en agrémenter le goût.

Choisissez donc des suppléments contenant des ingrédients de culture organique, biologique, écologique et étant entièrement ou presqu'entièrement naturels, sans addition d'aucune forme de sucre. Renseignez-vous et soyez vigilants. C'est à vous d'être critique et de bien lire les étiquettes (cf. tableau "Lire les étiquettes", p. 63).

À ce sujet, réfléchissons à cette assertion du Dr. Yvan Labelle, N.D. dans son livre intitulé *L'Arthrite, une souffrance inutile?*:

"La nécessité d'utiliser des suppléments alimentaires est la conséquence inévitable de la dégénérescence de l'alimentation et de sa dégradation biologique."

TABLEAU SYNTHÈSE DES PROTÉINES, VITAMINES ET MINÉRAUX

PROTÉINE: 1.5 gr/kg/jr

RÔLE	SOURCE
1. Substance de base de chaque cellule vivante. 2. Aide à stabiliser le taux de sucre dans le sang et de l'eau. 3. Aide à la fabrication des anticorps. 4. Fortifie les muscles. 5. Sert à la construction et à l'entretien des cellules. 6. Première place dans l'alimentation. 7. Essentielle à la synthèse des vitamines. 8. Indispensable pour assurer une bonne digestion.	Légumineuses, oeufs, lait, algues, germination, noix et graines, céréales, poisson et viande, soya, tofu, fromage, levure alimentaire.

VITAMINE A: (carotène)

1. Protège contre le cancer. 2. Anti-infectieuse; joue un rôle important dans la vision. 3. Indispensable aux femmes enceintes. 4. Préconisée contre l'anémie, les problèmes de croissance, la carie dentaire, l'hypertension artérielle, l'asthénie.	Lait entier, huile de foie de morue ou de thon, foie de veau, poulet, amandes, carottes, oeufs, légumes verts, abricots, oranges.

VITAMINE B:

1. Régit la croissance. 2. Équilibre le système nerveux.	levure alimentaire, céréales complètes.

(Complexe B)

B1 ou THIAMINE: 0,6 à 2,3 mg/jr

1. Nourrit le système nerveux.
2. Libère de l'énergie, combat la fatigue chronique.

Germe de blé, pain complet, farines et céréales entières, levure alimentaire.

B2 ou RIBOFLAVINE:

1. Rôle important dans: respiration des cellules, des fonctions de la peau, cheveux, ongles, yeux.

Levure, lait, foie, céréales complètes, blanc d'oeuf.

B6 ou PYRIDOXINE: selon besoin (2 à 4mg/jr)

1. Sert à former ou détruire acides aminés.
2. Rôle important dans calibre des artères, rythme cardiaque, pression sanguine.

Levure de bière, germe de froment, céréales complètes

P.P. ou B3 ou NIACINE: (10 à 20mg/jr)

1. Catalise la respiration cellulaire.
2. Favorise l'assimilation des sucres et hydrates de carbone.

Levure, champignons, arachides, extrait de malt sec.

ACIDE PANTOTHÉNIQUE: (6 à 10 mg/jr)

1. Contribue à la santé des nerfs.
2. Nécessaire à de nombreuses synthèses.
3. Combat la fatigue et le stress.

Gelée royale, champignons, levure, arachides.

B12:

1. Nécessaire à la multiplication cellulaire.
2. Employée dans les cas d'anémie

Algues, persil, germination de grain (blé, luzerne, fenugrec).

ACIDE FOLIQUE ET FOLINIQUE: (0,05 à 0,4mg/jr)

1. N.B. besoin de la vitamine C et B12.
2. Indispensable à la multiplication cellulaire.
3. Indispensable à la reproduction et croissance normale des globules rouges dans la moelle des os.

Levure, épinards, foie, farine de soya.

VITAMINE H OU BIOTINE: (0,1 à 0,3 mg/jr)

1. Catalyse transport du CO_2 d'une molécule à l'autre.
2. Intervient dans métabolisme des purines, acides gras et protéines.

Germination, levure alimentaire, foie,rognon, lait, jaune d'oeuf, noix, arachides.

CHOLINE: (1 gramme/jr)

1. Nécessaire à l'élaboration ADN et ARN.
2. Augmente péristaltisme intestinal.
3. Diminue pression artérielle.

Très répandue chez les plantes et les animaux.

INOSITOL: (1 gramme/jr)

1. Augmente contraction du gros intestin.
2. Améliore fonctions digestives.
3. Fait disparaître constipation.

Foie, haricot, graines de soya, germe de blé, riz, coeur, cervelle.

VITAMINE C: 6,5 mg/jr)

1. Hydrosoluble
2. Exerce un effet protecteur contre carences en d'autres vitamines (A, B, B2, D, E, K, acide pantothénique, biotine, acide folique).
3. Assure fonction normale des cellules.
4. Joue un rôle de formation des anticorps.

Tous les fruits citrins, racine raifort, chou, persil, citron, épinard, baie sauvage, infusions de jeunes pousses de conifères, agrumes, tomates,

5. Améliore le rendement au travail.
6. Nécessaire dans renouvellement du tissus conjonctif.
7. Anti-cancéreuse, anti-stress.

fraise, ananas, oranges.

Vitamine D: (Adulte: 100 ui/jr) (400-600 ui/jr).
1. Préside à l'assimilation du calcium et du phosphore.
2. Indispensable à calcification des os et des dents.

fromage, soleil, hareng, huile d'olive, oeuf, huile de sardines, huile de foie de poisson, champignons.

VITAMINE E: (600 ui/jr pour les hommes) (400 ui/jr pour les femmes) (200 ui/jr pour les enfants).
1. Seul stimulant connu pour les muscles.
2. Anticoagulant naturel.
3. Sert à la synthèse des hormones.
4. Antioxydante, oxygénation.
5. Vasodilatatrice
6. Favorise fécondité
7. C'est la clé d'un coeur en santé.

Huile de germe de blé, germes de céréales, surtout du blé, huile de lin, blé complet.

VITAMINE F: (12 à 15 g/jr)
1. Règle perméabilité des membranes.
2. Indispensable à synthèse de prostaglandines, lécithine et myéline.

Huile de tournesol, lin, carthame, sésame, coton, pavot, céréales entières, graines de tournesol.

GROUPE B2: Vitamine H, Acide para-aminobenzoïque. (Dose thérapeutique. 200 mg 3 à 5 fois par jour.)
1. Antivieillissement.
2. Retarde le blanchissement des cheveux.
3. Préconisé dans le traitement du rhumatisme.

Levure de bière, foie, gruau d'avoine, champignons, épinard, germe de blé.

VITAMINE K:

1. Favorise coagulation du sang.

Tomates, chou-fleur, foie, épinard, chou cru, luzerne germée, huile de soya, feuilles de carottes, luzerne.

VITAMINE P: (flavones rutine) (30 mg/jr)

1. Contrôle perméabilité capillaire et résistance des capillaires. Antihémorragique, antiallergique.

Citrine de paprika, l'écorce de citron, prunes, églantier, sarrasin.

VITAMINE U:

1. Protectrice des muqueuses digestives.

Végétaux crus.

LÉCITHINE: (N'est pas une vitamine mais un lipide)

N.B.: Contient 2 vitamines: la choline et l'inositol (B complex)

1. Permet transmission des messages d'une cellule nerveuse à l'autre.
2. Mémoire, concentration.
3. Aide à dissoudre le cholestérol.
4. Nourriture du cerveau et du système nerveux.

Fève de soya, lécithine granulée, jaune d'oeuf, tournesol.

SELS MINÉRAUX

CALCIUM: (1 à 1,5 gramme/jr)

RÔLE	SOURCE
1. 99% du calcium est dans les os et les dents. 2. Équilibre le système nerveux. 3. Intervient dans le mécanisme du sommeil et la régulation cardiaque. 4. Solidité des os, coagulation sanguine. 5. Le calcium des os se renouvelle tous les 5 ans.	Navet, pois chiches, carottes, panais, fruits secs, orge, sarrasin, algues, hiziki, produits laitiers, poudre d'os.

PHOSPHORE: (0,5 gramme3jr)

1. Lié au calcium, prend part à la construction des os. 2. Donne vigueur et énergie au cerveau et muscles, équilibre acido-basique.	Fraisier, orge, figue, betteraves, amandes, lentilles, oignons, abricots, caroube, fèves, soya, camomille, cresson, poires, pommes, raisins.

MAGNÉSIUM: (150 à 400 mg/jr)

1. Normalise le rythme cardiaque. 2. Accroît la résistance aux infections et au cancer. 3. Contrôle excitabilité des nerfs et des muscles, maintient vitalité. 4. Régularise fonction du foie. 5. Sommeil (tranquilisant naturel). 6. Diminue crampes menstruelles.	Soya, noix, amandes, sel marin, brocoli, betteraves, maïs, navets, pois chiches, carottes, légumes verts, bigorneaux.

POTASSIUM: (0,8 à 1,3 g/jr)

1. Renforce les muscles (cardiaques).
2. Prévient constipation.
3. Indispensable à l'utilisation des protides.

Mélasse, pelure de patates, noix de coco, épinards, bananes, carottes, navets, orge, asperges.

SODIUM: (0,8 à 2 g/jr)

1. Maintient teneur en eau dans le corps.
2. Régularise fonction cardiaque.

fenouil, carottes, céleri.

CHLORE:

1. Maintient équilibre acido-basique du sang.
2. Sous forme NaCl, stimule l'appétit.

Miso, tamari, NaCl, sel de mer.

SOUFRE:

1. Freine thyroïdes hyperactives.
2. Entre dans la composition de vitamine B et insuline.
3. Nécessaire à formation de cheveux, ongles, bile.
4. Purifie, désintoxique.

Navets, ail, oignons, poireaux, carottes, choux, fenouil, plantain, persil.

OLIGO-ÉLÉMENTS

FER: (10 à 15 mg/jr) (Le fumarate ferreux est la forme de fer que le corps assimile le mieux.)

1. Régulateur de l'hémoglobine.
2. Dispensateur de l'oxygène aux cellules.
3. Produit oxydation des substances alimentaires.
4. Aide à éviter l'anémie.

Carottes, betteraves, céréales complètes, asperges, poireaux, choux, épinards, avoine, dates, lentilles, foie, fèves, cerises, tilleul, rognons, tous les légumes verts, viandes, crustacés.

CUIVRE: *(0,6 à 3 mg/jr)*

1. Fortifie système de défense.
2. Aide à éviter l'anémie.
3. Favorise utilisation du magnésium et du fer par l'organisme.
4. Indispensable à l'activité de la vitamine C.

Asperges, céréales complètes, graines, germes, riz complet, germe de froment, noix, son, légumes verts.

FLUOR: *(0,5 mf/jr)*

1. Joue un rôle dans la minéralisation des tissus durs.
2. Prévient carie.
3. Donne éclat au regard.
4. Carence: ostéoporose.

Poissons, fruits de mer, abats, épinards, carottes, tomates, pelures de patates.

IODE: *(0,1 à 0,2 mg/jr)*

1. Régularise la glande thyroïde.
2. Agit sur développement physique et mental (croissance).

Varech, algues sèches, carottes, radis, poisson, sel de mer.

MANGANÈSE: *(5 mg/jr)*

1. Reproduction.
2. Facilite sommeil.

Légumes verts, fruits frais, noix, aubergine, cassis.

ZINC: *(15 à 20 mg/jr).*

1. Régularise glandes génitales.
2. Combat fatigue.
3. Division cellulaire, échanges gazeux pulmonaires.
4. Aide la guérison ulcères, des plaies, maladies inflammatoires, arthrite.

Céréales, oeufs, pois, haricots, champignons.

NICKEL:

1. Fonctionnement du pancréas.

végétaux, graines.

COBALT: *(1 à 2 gr/jr)*

1. Élaboration B12 (noyau). Graines, champignons, son.

SILICE:
1. Aide à assimilation du calcium. Prêles, millet entier, ail, lentilles, oignons.

LUZERNE
1. C'est un merveilleux diurétique pour les reins.
2. Régulateur des intestins.
3. Très valable pour son apport en minéraux et vitamines.
4. Contenu en protéines élevé.
5. Plante la plus riche et la plus complète en valeur nutritive.

LES FIBRES ALIMENTAIRES
1. Les fibres sont la matière de support et de protection qui entoure les parois cellulaires des plantes. Céréales de grains entiers consommés avec des fruits et des légumes.
2. Elles sont essentielles à un intestin en santé et pour éviter toute une gamme de maladies.
3. Les fibres sont un soutien pour l'estomac.
4. Dans l'intestin, elles agissent comme des éponges, elles gonflent et retiennent l'eau.

5

POISONS À COMBUSTION LENTE

BOISSONS DÉCONSEILLÉES ET BOISSONS SAINES POUR LES REMPLACER

À la simple mention du titre ci-dessus, vous viennent sans doute à l'esprit les noms de ces boissons néfastes pour l'organisme, véritables drogues dont il est difficile de se départir mais qui nous détruisent à coup sûr. En voici la liste, en commençant par celle qui est la plus ignorée: les jus de fruits.

En effet, même **les jus de fruits** sont déconseillés, non seulement pour les hypoglycémiques mais pour tous. D'abord parce qu'ils sont dépourvus de leurs fibres et que nos intestins ont besoin de celles-ci pour fonctionner normalement. Ensuite, parce que les sucres (fructose) qu'ils contiennent arrivent trop vite et en trop grande quantité au pancréas et l'excitent de façon démesurée. Enfin, parce qu'ils ne possèdent aucune valeur nutritive à part celle qu'on leur a ajouté artificiellement après les avoir chauffés à de très hautes températures et en avoir détruit toute la valeur alimentaire.

Éliminons ensuite les boissons suivantes:

- boissons à saveur de fruits "cool aid", "tang", limonades artificielles. etc.);

- café en poudre ou en grains, nature ou décaféiné; thé et préparations pour thés glacés;

- boissons au chocolat; outre le fait qu'elles excitent les glandes endocrines (surtout le pancréas) et le système nerveux, elles contiennent des purines en abondance et constituent, de ce fait, de véritables poisons pour l'organisme. Ce sont des substances hautement toxiques; combien d'arthritiques ne paient-ils pas cher leur trop abondante consommation!

- lait condensé;

- boissons types "Ovaltine" et "Postum";

- boissons gazeuses (colas, limonades pétillantes, etc.);

- alcools (vins sucrés, rouges ou blancs, liqueurs, apéritifs et digestifs, bière — surtout au début du contrôle de l'hypoglycémie).

Tous ces produits agissent en premier lieu comme stimulants mais nous laissent par la suite en baisse d'énergie. De plus, ils ont la fâcheuse propriété de déminéraliser notre système.

Mais, me direz-vous, par quoi les remplacer?

- D'abord, par l'eau; elle coûte tellement moins cher et est tellement plus saine! Prenez-en deux verres au lever, 2 autres l'avant-midi, 2 l'après-midi et enfin, deux en soirée et vous serez certainement désaltéré(e).

- par les cafés de céréales, boissons de dahlia;

- par les citronnades naturelles (mélanges d'eau et de citron);

- par les tisanes (d'églantier, de menthe, de verveine, de tilleul; de luzerne, de trèfle rouge, de queues de cerise, de sauge, etc.).

- Que désirer de plus?

**IL EST DONC POSSIBLE D'ÉTANCHER SA
SOIF SANS TOMBER DANS LE PIÈGE DES
PARADIS ARTIFICIELS.**

M. PICOTEUX

*"Regarde, maman, tous les picots dans sa
figure! C'est la pollution, les déchets qui lui
sortent par la peau; c'est pour ça que je l'appelle Monsieur Picoteux".*

Samuel

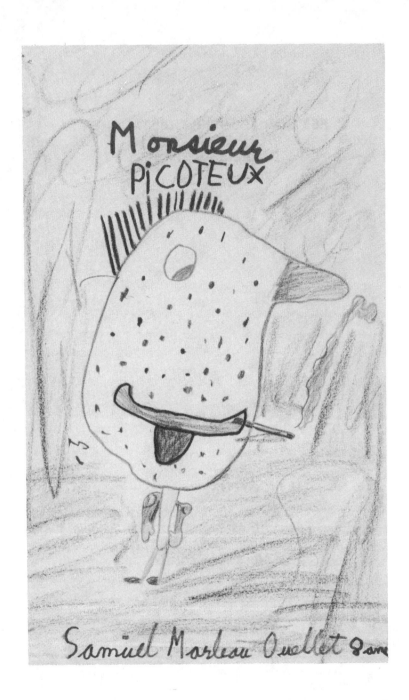

LE TABAC

Pour un meilleur contrôle de l'hypoglycémie, il importe que vous cessiez de fumer. Éliminez de votre vie toute cette pollution par le tabac (cigarettes, cigares, pipes, marijuana, etc.).

Mais avant de passer à cette étape, il faut vous débarrasser graduellement de beaucoup d'autres stimulants. Ils sont là, dans votre assiette, sur votre table, dans votre garde-manger, dans votre réfrigérateur. Ce sont tous les sucres concentrés, les mets à base de farine blanche et raffinée, les boissons douteuses et plus que douteuses, les médicaments (aspirines, anti-dépresseurs, pilule anticonceptionnelle qui perturbe le métabolisme) et toutes formes de drogues.

En effet, pour cesser de fumer et ce, de façon définitive, il importe d'abord de comprendre ce qu'est la santé. La santé est un état de bien-être physique, mental et psychologique que l'on ressent dans tout son être. Elle est là, dans la nature non transformée, dans le grain de blé entier, dans la fraîcheur de l'air non pollué, dans les rayons du soleil, dans le calme et dans la joie de vivre. Elle est partout où l'homme et la femme se respectent mutuellement et respectent l'environnement et l'univers.

C'est seulement une fois cette notion comprise et la décision prise de changer vos habitudes alimentaires et votre style de vie que vous serez en mesure de répondre à cette question: **pourquoi est-ce que je fume?** Quels besoins suis-je en train d'essayer de satisfaire? Il faut, en effet, connaître les besoins qui vous poussent à fumer depuis des années afin de chercher à les combler autrement. Vous ne pourrez cesser de fumer sans une prise de conscience de ces motivations.

BONNE RÉFLEXION!
SACHEZ QUE JE VOUS COMPRENDS; MOI AUSSI,
J'AI DÛ PASSER PAR LÀ.

ADDITIFS ALIMENTAIRES ET CUISINE AU COBALT

Je ne saurais rédiger ce volume sans traiter d'un problème aussi crucial dans notre monde que celui de l'intoxication à petites doses que font subir à notre organisme les additifs alimentaires tels **les sulfites, les nitrites, les colorants alimentaires, le glutamate monosodique,** pour ne nommer que les plus connus. Statistique Canada estime en effet à 117 millions de livres, soit environ cinq livres (2,3 kg) par personne, le nombre d'additifs alimentaires utilisés chaque année au Canada.

Examinons rapidement les principaux d'entre eux et les conséquences de leur utilisation sur l'organisme.

Les nitrites:

On les utilise pour éviter le développement des bactéries et pour colorer viandes et charcuteries. Selon certains chercheurs, les nitrites forment, au contact de la viande, des nitrosamines qui ont la propriété d'être cancérigènes. On les retrouve dans toutes les viandes traitées, les charcuteries et le poulet en conserve.

Les sulfites:

On les utilise pour conserver la fraîcheur et la couleur de certains aliments; ce sont tout simplement des maquillants alimentaires. Leur consommation entraîne chez certaines personnes de très fortes réactions allergiques et peut même causer la mort. On les retrouve principalement dans les confitures, gelées, marmelades, mélasse, jus de fruits, concentrés de tomates, vin, cidre et bière.

Le glutamate monosodique:

Ce produit n'est pas pris en considération dans la réglementation des additifs alimentaires. Pourtant, beaucoup de consommateurs de confiseries, friandises et soupes en conserve ressentent des malaises très incommodants tels des maux de tête, engourdissements, etc. qui leur sont attribuables. Le glutamate monosodique est également très utilisé dans le domaine de la restauration.

Les colorants:

Cet additif n'est pas considéré comme essentiel par la "Protection de la santé" ce qui signifie que nous pourrions fort bien nous en passer. Pourtant, en bons petits Québécois et Québécoises, nous plions l'échine et acceptons son ajout dans de nombreux aliments que nous consommons: confitures, crème glacée, gelées, boissons aux fruits, marinades, viandes et poissons traités.

Et pis encore, voici que de nombreux supermarchés acceptent d'offrir dans leurs comptoirs des produits irradiés aux rayons gamma (radiolyse) alors qu'aucune recherche sérieuse n'en a prouvé les effets à long terme. Même les chercheurs de la **multinationale agroalimentaire Ralston-Purina** n'ont pu démontrer la non-toxicité ou la valeur alimentaire des aliments ainsi traités. Selon les tenants de cette technique, la perte de qualité des aliments irradiés ne serait pas plus grande que celle qu'entraînent toute friture, cuisson ou réfrigération. Alors, comment expliquer que des animaux nourris à partir de substances irradiées souffrent de malformations congénitales, de maladies chromosomiques et possèdent des organes déficients?

Je compare souvent l'irradiation des aliments aux "antibiotiques à large spectre" que les médecins prescrivent si facilement de nos jours pour éviter de faire l'effort de détecter l'origine spécifique du problème. Comme ces antibiotiques, l'irradiation tue tout, les bons et les mauvais éléments. Après ce traitement, aucune bactérie ne se retrouve dans l'aliment, certes, mais probablement, aucune valeur nutritive (ceci n'a cependant pas encore été prouvé). **Il me semble que c'est vouloir tuer une puce avec un bulldozer!**

Je n'ai pas l'intention de faire le procès détaillé de la cuisine au cobalt. Les personnes qui désirent s'informer d'avantage à ce sujet sont invitées à se référer au document choc de Robert Lacas, communicateur scientifique du C.R.I.Q. (Centre de recherche industrielle du Québec), destiné aux chefs d'entreprises (C.R.I.Q, 333, Franquet, C.P. 9038, Ste-Foy, G1V 4C7)..

Quoi qu'il en soit, il vous faut réagir, réfléchir et prendre les moyens d'éliminer de votre alimentation tous ces additifs et produits irradiés qui constituent un stress énorme pour votre organisme. Rappelez-vous que l'une des plus grandes causes de l'hypoglycémie et des autres maladies de civilisation est justement ce **stress nutritionnel.**

Alors, s'il vous plaît, éloignez ces produits de votre garde-manger et de votre assiette. Vérifiez les étiquettes et sélectionnez vos aliments. Il existe d'autres moyens de conservation (chambre froide, lacto-fermentation, séchage). Soyez plus inventifs(ves) et moins pressés(es) lorsque vous remplissez votre panier à provisions. Achetez la santé et non la maladie ou des bombes à retardement.

"La société n'est pas une créature autonome qui aurait sa vie propre; nous faisons partie de la société, nous en sommes chacun un des constituants et quand nous changeons, nous provoquons une certaine évolution du tout social, surtout quand nous prenons soin de bien nous insérer dans notre milieu et de faire état de nos préoccupations" (Dr Serge Mongeau, *Les voies de la santé,* p. 126).

BONNE RÉFLEXION!

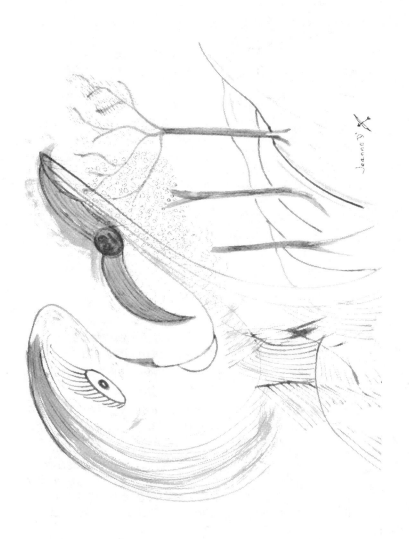

L'humain s'est conçu à travers le temps et l'espace en tant que roi et maître de la nature. Il l'a raffinée, transformée, chimifiée, polluée et défigurée à sa guise.

Il a oublié qu'il forme un tout avec l'univers. En défigurant la nature, il s'est défiguré lui-même et autodétruit.

Mais la nature prend sa revanche; elle se confronte à l'humain et le rappelle à l'ordre. Il doit maintenant se tourner vers elle et respecter son intégrité afin de retrouver la voie de la santé.

Jeanne D'Arc Marleau

6

STRESS ET RELAXATION

LE STRESS

Le stress peut être défini comme une vive contrainte psychologique et psychique exercée par un facteur d'agitation quelconque à l'endroit de l'organisme et les réactions de retour de celui-ci.

Il est certain que le stress constitue un phénomène normal qu'il faut apprendre à dominer et à utiliser positivement. Sans un certain niveau de stress, nous ne pourrions pas vivre. Par exemple, la mère qui accouche et l'enfant qui se débat pour naître sont tous les deux dans un état de stress bénéfique autant pour l'un que pour l'autre. À l'intérieur de limites raisonnables, on peut penser que le stress est valable si la personne qui le ressent sait le dominer.

Il faut cependant être sur nos gardes car les stress que la société actuelle nous fait subir sont tellement intenses et continus qu'ils deviennent destructeurs et entraînent fréquemment la maladie et le vieillissement précoce.

Au chapitre traitant des causes de l'hypoglycémie, nous avons mentionné le stress au nombre des principaux facteurs de cette maladie (cf chapitre 1er, p. 7). Il convient de savoir que tout comme le pancréas ne fait pas la différence entre les bons et les mauvais sucres, notre organisme discerne mal les stress positifs et négatifs. Sous l'effet de n'importe quelle forme de stress, tout le mécanisme hormonal se met en branle comme lorsque le sucre arrive massivement au pancréas. Le système nerveux sonne l'alarme et les hormones entrent aussitôt en action (cf. les glandes endocrines, p. 6). L'hypophyse, ou glande pituitaire, sécrète une hormone, l'A.C.T.H., qui achemine le message aux glandes surrénales. Celles-ci sécrètent à leur tour d'autres hormones qui permettent à l'organisme d'entreprendre le combat. Elles deviennent des régulatrices et des coordonnatrices des fonctions des autres organes.

Il est donc facile de comprendre pourquoi les répétitions trop fréquentes de situations stressantes, qu'elles soient positives ou négatives, entraînent infailliblement la détérioration de notre système. Une foule de malaises ou de symptômes apparaissent alors: agressivité, irritabilité, nervosité, raideurs de nuque, maux de tête, troubles digestifs, maux de dos, tics nerveux, etc. Ils nous avertissent du fait que notre système est épuisé, fatigué, à la recherche de relaxation et de repos.

Si nous ne réagissons pas, la maladie s'installe, ce qui est le cas de beaucoup d'hypoglycémiques. Nous devons prendre les moyens nécessaires pour réduire au maximum les effets du stress sur notre système. Il faut d'abord changer notre alimentation déficiente en consommant des aliments équilibrés, non transformés, riches en protéines, vitamines et fibres et sans gras animal ni sucre. Dans certains cas de carences prononcées, il est conseillé d'apporter un supplément vitaminique en calcium, magnésium, complexe B, C et E.

Si je ne peux éviter de nombreux stress (p. ex. la mortalité d'un être cher), de combien d'autres ne pourrais-je m'exempter aux conditions suivantes:

- Si je planifiais mieux mon temps.

- Si je déterminais mieux mes problèmes et les facteurs de

stress que je ressens.

- Si je connaissais mieux mes limites physiques et émotives — ce qui m'aiderait à m'accepter et à agir selon ma nature.

- Si j'étais davantage à l'écoute des besoins alimentaires de mon corps pour apprendre à le respecter et à le garder en harmonie avec la nature par une nourriture appropriée, le repos et la relaxation.

- Si j'acceptais d'investir un peu de temps et d'argent à l'apprentissage de techniques de relaxation — yoga, méditation, antigymnastique, massages ordinaires ou à base d'acupuncture, shiatsu, réflexologie, kinésiologie, acupuncture, bains de pieds, écoute de musique ou de cassettes de relaxation, etc.

- Si j'arrêtais mes courses folles et me faisais plaisir en accomplissant des choses que j'aime — marche dans la nature, lecture, théâtre, activités sportives, bricolage, peinture, promenade, etc.

- Si j'examinais la possibilité de recourir aux services temporaires d'une personne spécialiste en psychologie, acupuncture, sexologie, relations matrimoniales, nutrition ou hypoglycémie.

- Si je voulais seulement me regarder bien en face et me demander ce qui ne va pas.

- Si j'acceptais de ne pas recourir aux fausses solutions — drogues, médicaments, tabac, alcool, etc.

- Si... si...

Bref, les moyens existent pour diminuer le stress et retrouver la santé. À vous de choisir ceux qui vous conviennent.

Afin de vous aider à déterminer votre niveau de stress, je vous invite à répondre au questionnaire ci-après intitulé "Quel est votre rythme de vie?".

QUEL EST VOTRE RYTHME DE VIE?

Voici quelques questions susceptibles de vous aider à évaluer votre rythme de vie. Il est bien connu que votre état de santé est grandement influencé par votre façon de vivre. Rappelez-vous que ces questions ne sont pas des indices pour vous aider à réfléchir, et que presque tout le monde risque de répondre "oui" à la plupart des questions à certains moments.

Oui Non

☐ ☐ Êtes-vous le genre de personne qui ne peut s'empêcher de tout faire rapidement: parler, manger, marcher, bouger?

☐ ☐ Êtes-vous un "impatient"? Vous arrive-t-il de "mettre les mots dans la bouche" quand quelqu'un ne parle pas assez vite à votre goût?

☐ ☐ Vous sentez-vous irrité(e) si vous devez faire la queue, si vous êtes pris(e) dans la circulation, etc.? Devenez-vous crispé(e) sans pouvoir résister à l'envie de klaxonner losque la circulation s'arrête?

☐ ☐ Est-ce que cela vous énerve d'observer quelqu'un faire quelque chose que vous vous sentez capable de faire plus vite?

☐ ☐ Vous trouvez-vous souvent en train de faire ou de penser à plusieurs choses en même temps?

☐ ☐ Essayez-vous souvent d'amener la conversation vers les sujets qui vous intéressent, sans égard à ceux qui ont commencé la conversation?

Oui Non

☐ ☐ Est-ce que vous vous sentez vaguement coupable quand vous vous retrouvez sans rien à faire sauf vous reposer?

☐ ☐ Est-ce que vous essayez de faire de plus en plus de choses dans de moins en moins de temps?

☐ ☐ Est-ce que ça vous dérange quand il arrive quelque chose d'imprévu?

☐ ☐ Avez-vous des tics nerveux ou des gestes automatiques (p. ex. se mordiller les lèvres, se ronger les ongles ou se tordre les mains)?

☐ ☐ Croyez-vous que tout succès n'est possible qu'en faisant tout plus vite que d'autres?

☐ ☐ Avez-vous peur de ne plus pouvoir faire tout de plus en plus vite?

☐ ☐ Devez-vous prendre des remèdes pour calmer votre nervosité? ou pour dormir?

☐ ☐ Trouvez-vous que c'est du temps perdu de remarquer "la beauté" de votre entourage?

☐ ☐ Vous sentez-vous fatigué(e) dès le réveil?

Si vous avez répondu "oui à la majorité de ces questions, le stress présente un danger réel pour votre santé.

Texte intégral de la revue *CLSC Santé,* vol. 2, n° 4, déc. 1978, p.20. Cette revue s'intitule maintenant *Fédé-Express.* (Avec la permission de l'auteur).

COMMENT RÉDUIRE LE STRESS

Voici une méthode recommandée par des psychiatres américains pour réduire le stress.

Une fois par semaine (pendant 19 semaines), le client rencontre le psychiatre (la visite dure 1 heure); celui-ci pose une question sur laquelle la personne doit s'exprimer librement sans trop réfléchir et sans que le médecin n'intervienne. Les paroles sont enregistrées. Entre temps, on ne doit pas écouter à nouveau les cassettes; on le fait seulement à la fin des 19 semaines. Si le travail a été soutenu, on observe alors une baisse importante du stress.

On peut faire un travail équivalent sur soi, à la maison, en écrivant librement, sans jamais se relire, à partir du thème proposé chaque semaine. On peut écrire à n'importe quel moment de la semaine. La lecture ne s'effectue qu'à la fin des 19 semaines. On peut également s'enregistrer sur magnétophone et s'écouter après la période requise.

N.B.: **1 question par semaine.**

1. Quelles sont mes préoccupations et mes inquiétudes ces temps-ci?

2. Quelles sont les plus grandes tensions, les plus grandes pressions sur moi ces temps-ci, quand est-ce que je les ressens; qu'est-ce que je dois faire avec ça?

3. Qu'est-ce qui change dans ma vie?

4. Quelles sont les valeurs et/ou les idéaux que je voudrais réaliser dans ma vie, à quoi j'aspire?

5. Quelles sont les plus importantes récompenses que j'aimerais avoir dans ma vie?

6. Quelles sont les expériences les plus intenses, les plus gratifiantes que j'ai eues dans ma vie, mes hauts les plus excitants; quelles sortes d'expériences de ce genre est-ce que j'aimerais avoir à l'avenir?

7. Quelles sont les limitations ou les contraintes majeures

que je ressens dans ma vie qui font que c'est difficile d'obtenir les expériences et les récompenses que je souhaite?

8. Quels sont les obstacles majeurs qui m'empêchent d'obtenir ce que je veux dans la vie:
   a) internes (p. ex. peur);
   b) externes (p. ex. argent).
   Pensez à des moyens de changer ou de diminuer la force et l'impact de ces obstacles.

9. Quelles sont les choses que je fais bien?

10. Quelles sont les choses que je ne fais pas bien? Est-ce que j'aimerais améliorer mes habiletés dans ce domaine ou est-ce que j'aimerais arrêter de faire ça?

11. Qu'est-ce que j'aimerais arrêter de faire dans ma vie?

12. Qu'est-ce que j'aimerais commencer à apprendre à faire?

13. Quels sont les buts qui sont au centre de ma vie dans le moment? Où en étaient mes buts il y a cinq ans? Qu'est-ce que j'imagine que seront mes buts dans 5 ans?

14. Quelles sont les choses que je fais régulièrement et que je m'attends à faire moins souvent dans les années à venir?

15. Quel est le changement ou la crise la plus importante que je prévois pour les prochaines années?

16. Quel est le choix le plus important à faire dans les prochaines années?

17. Quel domaine de ma vie (travail, famille, ami, moi-même) est au centre de ma vie maintenant? Dans les 5 prochaines années, quels domaines vont devenir, selon moi, de plus en plus importants dans ma vie?

18. Quelle sorte d'avenir idéal est-ce que j'envisage?

(Imaginez ce que vous voudriez expérimenter et avec quel genre de personne vous voudriez le faire).

19. Imaginez dans un temps futur que vous venez de mourir; écrivez vous-même votre éloge funéraire comme la personne la plus proche de vous dans votre vie pourrait l'écrire. Par quoi pensez-vous l'on se souviendra de vous? Quelles sortes de réalisations espérez-vous avoir réussi dans votre vie?

La relecture ne s'effectue qu'à la fin des 19 semaines. Si le travail a été soutenu, on observe généralement une baisse importante de stress.

Ce texte est reproduit avec la permission des auteurs, le Dr. Jasfe et Cynthia Scott.

Il existe aussi d'autres moyens de réduire le stress, dont voici les principaux.

On peut se procurer des cassettes à suggestions positives conscientes (face A) et subliminales (face B), faites par des professionnels; elles ont été expérimentées et jugées efficaces. En voici la liste:

#02 - Arrêter de fumer.

#03 - Arrêter ou contrôler votre besoin d'alcool.

#04 - J'ai la simplicité d'un enfant (le bien-être).

#05 - J'ai la joie de vivre (le bonheur).

#12 - Je comprends et observe la loi naturelle (la santé).

#15 - Je comprends le sexe opposé au mien (l'entente des couples).

#20 - La relaxation (détente pour une grande fatigue nerveuse).

#21 - La relaxation (détente [petite] pour une fatigue physique).

#22 - L'insomnie (dormir naturellement).

#24 - La libération du subconscient (cassette-clé, la première à posséder).

#25 - L'auto-guérison (oui, nous pouvons nous guérir).

#27 - La mémoire (comment la développer).

#28 - Mieux étudier (méthode formidable pour les étudiants de tous les âges).

#31 - La drogue (pour la personne qui en fait usage ou celle qui en vend).

Liste reproduite avec la permission de l'auteure, Aline Lefebvre et Cie Inc., R.R. 2, Bolton Centre, Québec, JOE 1G0, Canada, Tél.: (514) 292-3766.

Pour une meilleure relaxation avant le coucher, il existe un moyen des plus simples et pourtant des plus efficaces: **LA MERVEILLE DES BAINS DE PIEDS CHAUDS.**

Comment le prendre:

Debout ou assis, tremper les pieds dans un récipient rempli de l'eau la plus chaude que l'on puisse supporter; rajouter de l'eau chaude dès qu'on la sent refroidir. L'eau doit monter au-dessus des malléoles.

Durée:

5 minutes; on peut le prolonger jusqu'à 20 minutes sans danger si l'on désire augmenter son efficacité.

Après le bain:

Au sortir du bain de pieds, déposer les pieds sur une serviette et laissez-les transpirer. Asséchez et massez vivement les pieds l'un après l'autre; faites de même avec les orteils. Si votre peau est sèche après le bain, enduisez-la d'un peu d'huile d'amande.

Effets généraux des bains de pieds:

- Ils amènent le sang aux pieds et les réchauffent.

- Ils régularisent la circulation sanguine.

- Ils provoquent une transpiration locale puis de tout le corps.
- Ils favorisent l'élimination des déchets du sang.
- Ils soulagent reins, vessie et poumons en éliminant un toxique liquide.
- Certaines personnes font une selle après le bain de pieds.
- les différents effets du bain de pieds sont cumulatifs. Plus longtemps et plus régulièrement ils sont pris, plus ils sont efficaces.
- Ils provoquent une transpiration générale du corps après une période générale de 6 semaines.
- Ils sont plus efficaces que le bain complet pour l'élimination des acides du corps.
- Ils aident le corps à désenfler progressivement.

L'AIR ET L'EXERCICE
DANS LA VIE QUOTIDIENNE DE L'HYPOGLYCÉMIQUE

Au chapitre de la digestion, nous avons vu que la santé consiste en l'équilibre entre l'énergie **absorbée** et celle qui est **dépensée**. Lorsque nous avons modifié nos habitudes alimentaires en faveur d'une alimentation plus saine, nous avons franchi le premier pas vers la santé. Un deuxième tout aussi important reste à faire: **celui de l'exercice et de l'oxygénation.**

Tout notre corps aspire au mouvement. Notre coeur en est la preuve la plus évidente. S'il cesse de battre, c'est la mort; plus de mouvement, plus de vie. Il en va de même pour nos poumons: une privation d'oxygène de trois minutes environ est suffisante pour que meurent nos cellules cérébrales.

Qui, plus que la personne hypoglycémique, peut être plus convaincue de l'importance d'oxygéner le cerveau? Combien de fois par jour la personne atteinte de cette maladie n'a-t-elle pas souffert de cette carence? En fait, toutes les fois que le niveau de glucose devient trop bas dans le courant sanguin.

D'où l'importance de l'exercice qui agit directement sur le maintien du taux de glucose en nous permettant d'utiliser le glucose stocké dans les muscles sous forme de glycogène — les muscles constituent la plus grande réserve de glycogène. Si cette réserve n'est pas utilisée, elle se transforme en graisse, forme du tissu adipeux et engendre l'obésité. C'est à ce moment que les muscles s'appauvrissent et se ramollissent, incapables de produire l'énergie nécessaire dans la vie quotidienne. La fatigue s'installe. De plus, ces muscles inactifs s'encrassent en accumulant de grandes quantités de déchets dont il est capital de se débarasser le plus rapidement possible.

La meilleure façon d'y arriver est de faire de l'exercice et, plus particulièrement, en plein air. Lorsque vous éprouvez une baisse d'énergie, avalez un ou deux grands verres d'eau, sortez et marchez à un bon rythme. Si vous maintenez ce rythme, l'air vous apportera immédiatement l'oxygène dont la "panne" de glucose sanguin vous prive. Cette marche stimulera l'activité musculaire et le glycogène se transformera en glucose. Voilà, le tour est joué! l'énergie vous reviendra sans que vous ayez à vous remplir l'estomac une nouvelle fois.

Cependant, en début de contrôle, beaucoup de personnes hypoglycémiques sont incapables de cet effort. Elles doivent y aller à leur propre rythme et prendre le temps que leur corps réclame. Toutefois, vous devez sans faute faire de l'exercice, même si ça ne dure que cinq minutes au début. Progressez lentement en ajoutant quelques minutes de plus chaque jour.

Plusieurs personnes sont portées à considérer l'exercice comme une perte de temps, un fardeau. Pourtant, il constitue une excellente manière de combattre le stress et d'apporter une détente bienfaisante. Vous en retirerez un état de bien-être et, au bout d'un certain temps, la motivation viendra d'elle-même.

Un bon moyen de s'y prendre au début consiste à intégrer ces exercices à vos activités quotidiennes, par exemple, marcher pour vous rendre au travail ou monter les escaliers au lieu de prendre l'ascenseur. À ce stade, il importe de ne pas faire d'exercices violents et de demander d'être accompagné(e) à l'occasion de randonnées ou de baignades.

Rappelez-vous que dans certaines circonstances, il est plus sécuritaire de laisser savoir à votre entourage que vous êtes hypoglycémique afin que chacun puisse comprendre et agir en connaissance de cause en situation d'urgence.

Prenez toujours des réserves de nourriture telles que fruits et noix et ne dépassez pas vos limites en faisant vos exercices. Soyez à l'écoute de votre corps et non de votre orgueil sans quoi, vous risquez de provoquer des réactions hypoglycémiques.

Lorsque vous prévoyez avoir à effectuer un plus grand nombre d'activités qu'à l'accoutumée, il importe que vous adaptiez votre quantité de nourriture en fonction de ce fait. Il suffit de manger un peu plus au cours du repas précédant l'exercice, et de prendre une bonne collation une demi-heure à une heure avant cette dépense d'énergie (p. ex. sandwich au fromage ou muffin maison et yogourt). Si vous avez oublié de faire de plus amples provisions, prenez au moins un fruit juste avant l'activité.

S'il vous arrive, au cours d'un exercice, de vous trouver en baisse d'énergie, prenez une bonne respiration, mangez votre collation, étendez-vous et reposez-vous.

Après tout exercice, prenez une collation à base de protéines et de féculents (p. ex. craquelins et beurre d'amande).

N'oubliez jamais qu'il vous revient de déterminer ce qui vous sied en fonction de vos réactions et du degré de contrôle que vous avez acquis.

Il convient, de plus, de ne pas négliger la façon de respirer et le milieu dans lequel l'exercice est accompli. Sur ce sujet, je vous recommande le petit livre de poche de Marie-France Elliot, *"Savoir bien respirer"*.

À l'intérieur de votre maison, munissez-vous d'un bon système d'aération et ne vous privez pas d'ouvrir les fenêtres, même l'hiver, pour aérer votre milieu de vie et de travail.

Si possible, dormez la fenêtre entrouverte, même par temps froid.

Voici, brièvement, les avantages que procure l'exercice soutenu dans un milieu bien oxygéné:

- **Il procure une bonne oxygénation respiratoire, cardiaque, musculaire et cérébrale.**

- **Il améliore la circulation sanguine.**

- **Il prévient les baisses de glucose.**

- **Il diminue le stress et procure une sensation de bien-être.**

- **Il aide à reprendre confiance en ses capacités physiques.**

- **Il prévient la constipation.**

- **Il évite les gains de poids et l'obésité.**

- **Il assouplit les articulations.**

- **Il prépare de bonnes nuits de sommeil.**

LES SORTIES

N'allez surtout pas croire que vous n'aurez plus de vie sociale intéressante. J'entends souvent des réflexions comme celle-ci: "Ah! je ne peux plus consommer de vin ou d'alcool, ni fumer; ce n'est pas intéressant, tous les autres boivent, fument et mangent au restaurant!".

Eh oui! dites-vous bien que ces personnes auront aussi, un jour, à faire face à la même situation que vous si elles continuent dans le même sens. Quoi qu'il en soit, il vous est encore possible de manger au restaurant. Il suífit de bien choisir ce dernier et surtout de sélectionner ses aliments. D'ailleurs, on rencontre de plus en plus d'établissements offrant des aliments entiers, naturels, des fruits, des salades, des légumes et des boissons non excitantes. Ouvrez l'oeil et choisissez votre menu en fonction de votre état.

Quant au **tabac et à l'alcool**, vous devez les bannir de votre vie, vous ne vous en porterez que mieux. Ils constituent des excitants pour le pancréas et provoquent par la suite des baisses de sucre et d'énergie. Lorsque votre hypoglycémie sera bien contrôlée, vous pourrez, à l'occasion, prendre un verre de vin blanc sec à l'intérieur d'un repas, jamais à jeun, cependant. La nourriture freinera la vitesse d'absorption de l'alcool.

Si vous prévoyez consommer du vin avant le repas, ne quittez pas la maison sans prendre une collation incluant 1 c. à thé (5 ml) d'huile pressée à froid de première pression, une source de protéines et de féculents. Et lors de la réception, sélectionnez vos aliments le plus possible, mine de rien, sans faire la morale à votre entourage.

Lors d'un long séjour à l'extérieur, il est toujours possible de dénicher des marchés alimentaires où s'approvisionner en aliments naturels. Cuisinez vous-même le plus souvent possible et profitez au maximum de ces bons moments de détente et de loisir.

Lorsque vous aurez redécouvert ce qu'est la santé par une saine alimentation et une bonne hygiène de vie, vous ne trouverez nullement matière à vous sentir frustré(e) lors de vos sorties.

RÉSUMÉ D'HYGIÈNE DE VIE

Appui du milieu

Aide formative
1. Membre de la famille (conjoint, enfants).
1. Amis.
3. Collègues.
4. Employeur.
5. Voisins.
6. Connaissances

Aide informative
1. Personne ressource en hypoglycémie:
   a) conseil
   b) appui
2. Regroupement d'hypoglycémiques en région.
   a) intégration
   b) force du groupe
3. Psychologue, sexologue, acupuncteur, réflexologue, massothérapeute, conseiller matrimonial, médecins, conseiller d'éducation physique, chiropraticien.

HYGIÈNE ALIMENTAIRE

Repas	Collations si nécessaire	Fruits	Aliments sains	Élimination
• 3 repas par jour à heures fixes	• 3 à 4 collations par jour au bon moment 1/2 heure avant la baisse	• 2 à 3 par jour accompagnés d'un aliment à digestion lente	• Céréales entières	• Boire 7 à 8 verres d'eau par jour en dehors des repas
• Ne pas surcharger l'estomac	• Lors des sorties, toujours apporter ses collations	• Éviter tous les sucres concentrés et les produits qui en contiennent	• Éviter tous produits raffinés	• Consommer au moins 5 à 6 variétés de légumes par jour
• Atmosphère calme à l'heure des repas	• Les varier pour éviter les carences vitaminiques	• Éviter les jus de fruits	• Utiliser les huiles de première pression à froid	• Faire de l'exercice
• Maintenir un poids confortable			• Éviter les produits chimiques	
• Varier le contenu des repas			• Lire les étiquettes et sélectionner	
• Au besoin, prendre des suppléments alimentaires				

FAIRE LE SEVRAGE DES PRODUITS SUIVANTS:

CIGARETTES OU TOUTES FORMES DE TABAC, CAFÉ, THÉ, DROGUES, ALCOOL

HYGIÈNE PSYCHOLOGIQUE

Relaxation	Repos	Exercices	Activités	Sexualité
• Diminuer le stress	• Heures de sommeil suffisantes selon chaque individu	• Choisir l'exercice adapté à sa situation de santé	• Choisir des activités répondant à ses besoins	• Se donner de l'affection
• Apprendre à composer avec le stress en tous lieux et situations	• Se donner des périodes de temps sif	• Exercice progressif	• Savoir se faire plaisir	• Prendre le temps de se redécouvrir
• Yoga, antigymnastique, massages, méditation.	• Le plus possible en plein air	• Profiter de ses heures de loisirs pour se détendre	• Établir une atmosphère plus relaxante et positive
• Musique, écriture, etc.	• Ouvrir les fenêtres pour aérer (jour et nuit)	• Non violent		• Renouer les liens
	• Se calmer avant de se coucher	• Exercice soutenu		• Briser la routine par une atmosphère sensuelle
		• Fuir l'air pollué		• Tenir compte de son état durant les relations intimes, etc.
	• Exercice régulier			
	• Adapter les repas et collations au jour d'exercice			

116

7
TÉMOIGNAGES

Voici quelques témoignages de personnes qui ont décidé de respecter la nature en changeant leur alimentation et leur hygiène de vie conformément à ce que je recommande dans ce volume.

SI HANSEL ET GRETEL M'ÉTAIENT CONTÉS

J'ai 38 ans. Je suis une personne énergique et dynamique, du moins le croyais-je jusqu'en novembre 1987, période où les faiblesses soudaines et répétées, tremblements des membres, vertiges, maux de tête, manque de concentration, trous de mémoire et somnolence me font craindre le pire.

Je subis alors des tests sanguins et d'urine à partir d'une hyperglycémie provoquée et les résultats de l'analyse ne révèlent rien. Ni anémie, ni diabète, ni cancer, ni cholestérol... peut-être un "burn-out" qui explique tout et voici que le repos m'est prescrit. Sceptique de nature, je fais réévaluer ce diagnostic par une personne-ressource. Celle-ci me conseille de changer mon alimentation et mon hygiène de vie. Une chose est certaine: je ne me sens pas bien du tout et la vie me pèse.

Qu'à cela ne tienne, je décide alors de prendre ma santé en main. Grâce au soutien de cette personne-ressource, j'adopte les règles suivantes:

- Alimentation saine composée de céréales et de pains à grains entiers, exempts de toutes formes de sucre sauf dans les fruits;
- Collation à heures fixes;
- Suppléments de vitamines (complexe B et lécithine);
- Régime de vie régulier et restriction d'activités à caractère stressant;
- Exercices en plein air.

Après une période de deux (2) mois, les résultats sont remarquables:

- Perte de trente (30) livres;
- Baisse marquée de la fréquence et de l'intensité des symptômes sauf dans les deux premières semaines où ils se sont aggravés en raison du sevrage du sucre;
- Excellent moral malgré les situations anxiogènes dont la perte d'un emploi, les comptes à payer...
- Sens du goût grandement développé.

Je me rends compte maintenant à quel point le sucre est omniprésent dans notre alimentation quotidienne. Nous subissons une intoxication collective, heureux Hansel et Gretel que nous sommes, sans nous rendre compte que nous vivons d'illusions, comme dans un conte de fées.Mais hélas, dans notre conte, la sorcière nous envoie la facture et la fin n'est pas aussi jolie que dans nos histoires d'enfants: personne "ne vivra heureux jusqu'à la fin de ses jours!" dans nos conditions de vie actuelles.

COQUETTE

Je sais depuis la fin de septembre 1987 que je fais de l'hypoglycémie et ce, grâce à Mme Jeanne d'Arc Marleau et à son écoute active.

Mais au fait, si je remonte dans le temps, je me souviens qu'à quinze ans, je confiais à une amie: "Moi, c'est le sucre qui me tient!'". Je voulais sans doute dire que j'y puisais l'énergie nécessaire pour fonctionner. Je me suis sans doute mal alimentée. Chez-nous, comme à peu près partout ailleurs, se retrouvaient sur la table pain blanc, farine blanche, confitures, excellentes pâtisseries cuisinées par ma mère, pommes de terre, viande, très peu de légumes et de fruits. Le blé entier était complètement absent de notre alimentation.

Je me souviens que lorsque j'arrivais de l'école, le midi, maman déposait toujours notre dessert devant notre assiette. Contrairement à mes frères et soeurs, je commençais mon repas par le dessert et je le terminais... par un autre dessert.

À l'âge de seize ans, j'ai dû fréquenter l'école de la paroisse voisine. Je revenais le soir, très fatiguée, si bien que je ne pouvais faire aucune activité à part celles de l'école. Quand j'y repense, je me rappelle que j'éprouvais de la difficulté à me concentrer, je mettais beaucoup de temps à étudier, à comprendre, à mémoriser. J'étais ambitieuse et j'étudiais beaucoup pour réussir.

J'ai décroché un diplôme d'études supérieures qui m'ouvrait les portes d'une profession dont je rêvais depuis ma tendre enfance. J'adorais cette profession et je souhaitais la pratiquer toute ma vie. J'y réussissais d'ailleurs très bien; j'y ai fait ma marque. J'aurais aimé, comme mes compagnes, me perfectionner sans cesse, aller toujours plus loin, mais je me suis rendu vite compte que mon travail me vidait de toutes mes énergies et que je ne pouvais suivre de cours du soir parce que j'avais de la difficulté à me concentrer surtout en soirée. Je me suis donc satisfaite de différentes responsabilités dans des organisations et mouvements variés pour meubler mes heures de loisir.

Douze années se sont écoulées et j'ignorais toujours que je souffrais d'hypoglycémie. Je croyais que mon travail exigeait trop de moi et j'ai pensé orienter ma carrière autrement. Au même moment, j'ai rencontré l'homme de ma vie qui m'offrait de devenir son épouse et sa collaboratrice dans un travail tout à fait différent, ce que j'ai accepté. Ma santé se maintenait; je vivais d'amour; je recevais de nouvelles énergies; je m'alimentais mieux.

Quelques années se sont écoulées et j'ai commencé à devenir fatiguée, lasse; je suis devenue enceinte. Après la naissance de mon enfant, j'ai eu de la difficulté à remonter la côte. Il me semblait que j'étais habitée par une grande fatigue. Mon sommeil n'était pas très réparateur. Je me levais plus fatiguée qu'au coucher. Je m'éveillais souvent la nuit.

Entre les repas, j'allais toujours puiser mon énergie dans le sucre (biscuits, gâteaux, crème glacée, tartes, cassonade, etc.). Je mangeais souvent; j'ai pris du poids.

En 1979, je suis devenue ménopausée; cette période a été assez difficile à vivre. J'avais beaucoup de bouffées de chaleur. Je me levais la nuit, incapable de dormir. Je mettais le coussin électrique, je retournais au lit, les yeux grand ouverts. Je me relevais, j'allais manger des biscuits et boire du lait et je m'endormais à nouveau. J'ai très souvent répété ce manège.

En 1982, j'ai vécu une situation qui m'a apporté beaucoup de stress. J'éprouvais beaucoup de difficulté à dormir. J'ai perdu le goût de manger et de vivre. Je n'avais plus aucun but, aucun objectif. Je me sentais plus près de la mort que de la vie. J'étais lasse d'être toujours fatiguée. Je me disais que je serais mieux morte que vivante. Je me sentais glisser vers la mort...

J'ai fait un effort et je suis allée consulter cinq médecins l'un après l'autre qui ne comprenaient pas ce que je vivais et ne m'ont trouvé rien d'anormal. Ils me disaient de me reposer, de tricoter. J'ai même consulté un psychologue sans succès.

Le dernier médecin que je suis allée consulter cinq semaines de suite pour lui rendre compte de l'effet de ses pilules — c'est-à-dire d'aucun effet positif — m'a répondu froidement: "Viens-tu me voir pour mes beaux yeux?".

Insultée, j'ai alors décidé de me prendre en main et de découvrir moi-même ce qui me rongeait, car je savais fort bien que quelque chose n'allait pas mais qu'était-ce?...
Afin de retrouver mes forces, pendant trois mois, je ne fis que le strict nécessaire dans la maison: repas, lavage, balayage, repos. Je passais mes journées couchée. Mon mari était très inquiet de me voir ainsi toujours au lit. Pour dormir, je prenais une demi-ativan. Je me suis habituée à ce médicament et je ne pouvais plus dormir sans cette petite pilule blanche. Après trois ans, je me suis rendue compte que j'étais esclave de ce médicament, j'étais dépendante tout comme l'alcoolique l'est de son alcool, et j'ai eu peur. Pendant trois semaines, j'ai mis de côté cette pilule et j'ai été trois semaines sans dormir. J'ai été prise de panique. Je suis allée voir le médecin pour lui demander de m'aider. Pendant un mois, il a diminué ce médicament à sa plus faible dose afin que mon système s'habitue. Puis un bon matin, je me suis retrouvée dans un magasin d'alimentation naturelle et je me suis acheté un petit livre sur les vitamines. En le parcourant, j'ai découvert qu'il me manquait de la vitamine B.

J'ai alors pris une vitamine complexe B par jour et j'ai réussi à abandonner complètement ativan. C'était un pas en avant vers la victoire. J'ai retrouvé en partie le sommeil, c'est-à-dire que je m'éveillais parfois vers quatre heures ou plusieurs fois pendant la nuit. Je me suis tout de même sentie un peu plus forte.

Mes périodes intenses de travail se situent surtout à l'automne et au printemps où je me retrouve plus fatiguée, plus lasse, où parfois je me dis que je serais mieux morte. Je ne sais trop ce qui se passe et n'ose parler de mon problème à personne car je sais que personne ne me comprend et je pense être la seule à vivre ainsi. Cette phrase que mes proches laissent parfois tomber me fait très mal: "Ah toi, tu es toujours fatiguée!".

121

En mai 1986, j'arrive chez Jeanne D'Arc Marleau pour acheter des vitamines. Je lui fais part de mon extrême fatigue. Elle me suggère de faire vérifier par le médecin si je ne souffrirais pas d'hypoglycémie. Je reçois cela en pleine figure et ne réagis pas. Se peut-il que je fasse de l'hypoglycémie? Pourtant, je ne suis pas diabétique!..

En juillet 86, un médecin pratiquant la médecine douce me dit que je fais de l'hypoglycémie. Je retourne en mai 87 voir Jeanne D'Arc Marleau qui me fait passer le test de dépistage de l'hypoglycémie. Le total est de 66. Elle me conseille de demander au médecin de passer le test d'hyperglycémie provoquée de 5 heures. Le résultat de ce test est négatif. Je suis fière d'annoncer à Mme Marleau que je ne souffre pas de cette maladie, mais elle me dit qu'il vaudrait mieux que je vérifie auprès du Dr Sévigny qui s'occupe de l'Association des hypoglycémiques du Québec.

Résultat: je dois changer mon alimentation. Alors, je me paie la traite d'une bonne tablette de chocolat, car je sais que ce sera la dernière. Le 29 septembre 1987, Mme Marleau me renseigne sur cette maladie et sur la façon de mieux m'alimenter. Je dois enlever tout sucre de mon alimentation. Elle me remet de la documentation et me conseille de prendre pendant trois mois des suppléments alimentaires.

J'essaie de mettre en pratique ces précieuses notions, mais pas toutes à la fois. Je procède étape par étape; je prends mes suppléments tous les jours depuis octobre 1987. Mes forces reviennent, mon sommeil s'améliore. Je ne prends que du pain de blé entier, sans sucre ni gras; que des céréales non sucrées, du yogourt maison sans sirop d'érable; j'ai exclu le café, la crème glacée, la cassonade, les biscuits, le chocolat de mon alimentation. À la seule pensée de couper le sucre, j'en ai eu la gorge serrée pendant deux jours!

Je n'ai pas encore fait le sevrage complet du sucre. Je triche parfois et je n'en suis pas fière. Je ne respecte pas toujours la quantité ou la portion d'aliments permise.

Depuis deux ans, je ressentais un mal progressif au genou gauche, mais depuis octobre 1987, ce mal diminue et parfois je n'ai plus aucune douleur. Cependant, si je consomme des aliments sucrés, le lendemain, je ressens de petites douleurs. C'est ainsi que mon corps me dit que le sucre n'est pas bon pour moi.

Autrefois, j'avais souvent mal au dos, dans la région des reins. Je n'ai plus ressenti ce mal depuis octobre 1987.

Je suis plus à l'écoute de mon corps depuis ce temps. Lorsque je triche dans mes portions, mon corps m'envoie des signes: fatigue, pertes d'énergie, je m'éveille plus souvent la nuit.

Après six semaines d'efforts, la santé ne m'est pas revenue à 100 pour cent. Il y a des jours où je suis encore très fatiguée. Il y a des hauts et des bas. J'ai encore de la difficulté à me concentrer, surtout le soir. J'ai souvent les jambes molles. Certains jours, j'ai toujours faim et d'autres, je cherche du sucre dans les armoires. J'ai des bouffées de chaleur. Je ne peux regarder d'émissions de télévision stressantes comme des films policiers ou de violence. J'entre trop dans la peau des personnages et lorsque je me mets au lit, les images se succèdent dans ma tête et m'empêchent de dormir. J'évite également les livres stressants.

Parfois, il m'arrive de retarder mes collations ou de les sauter parce que je veux maigrir; je m'aperçois alors que mes jambes deviennent molles et le stress m'envahit. Un jour, je magasinais et je n'ai mangé qu'à 13 h 00 alors que j'avais déjeuné à 6 h 30. Résultat: je me suis sentie mal dans ma peau tout l'après-midi et le lendemain. J'éprouve alors une sensation inconfortable au niveau du coeur, des poignets, à l'intérieur des coudes et des chevilles.

Auparavant, ma sexualité était presqu'inexistante. Faire l'amour une fois par mois m'aurait suffi. J'étais trop fatiguée pour le faire, je n'en avais pas le goût. J'étais passive et je répondais seulement aux avances de mon mari. Aujourd'hui, j'aime faire l'amour avec mon mari; je suis active; je participe aux ébats amoureux; je prends l'initiative. Ma vie sexuelle s'est grandement améliorée. Aussi, notre couple fonctionne mieux. Je m'intéresse à plus de choses; je suis plus ouverte.

Autrefois, "ma fatigue" me cernait de toutes parts, m'enfermait dans mon monde intérieur. J'étais comme projetée dans un gouffre sans issue. Aujourd'hui, j'ai tout à gagner et rien à perdre à tendre à respecter ma diète. Je vis un jour à la fois.

La vie s'ouvre pour moi, pleine de lumière, de possibilités. Je me sens libérée parce que je sais maintenant ce dont je souffre et qu'il y a espoir d'une vie de meilleure qualité. J'en ai la preuve.

Je ne suis plus seule sur la route; il y a toi, mon frère, toi, ma soeur, mon ami(e) hypoglycémique, en route, comme moi, vers un mieux-être.

Je ne me sens plus diminuée, triste parce que je sais que je peux m'en sortir, parce que je sais où je m'en vais.

Merci, Jeanne d'Arc, de ton aide et de ton réconfort.

Coquette

DANS L'IGNORANCE PENDANT 31 ANS

Je souffre d'hypoglycémie depuis ma naissance. J'ai 32 ans et je sais seulement depuis un an que le taux de sucre dans mon sang est bas presque en permanence.

Lorsque je suis née, le médecin qui a assisté ma mère croyait que je ne survivrais pas. Ma mère avait subi une appendisectomie durant sa grossesse (vers le 2 ième mois). J'ai, par la suite, été de santé fragile.

J'étais une enfant sensible aux infections: grippes, bronchites, otites se succédaient l'une l'autre. J'ai souffert de coliques durant sept mois. À l'âge de deux ans, j'ai perdu mes cheveux et je suis devenue trop faible pour marcher. Le médecin a diagnostiqué de l'anémie. Durant mon enfance, ce diagnostic a été posé à plusieurs reprises face à mes problèmes de santé.

Vers l'âge de 10 ans, je suis demeurée dans le coma durant un mois. Je souffrais d'une jaunisse. Lorsque mes parents m'ont conduite chez le médecin, il ne me restait plus que quelques heures à vivre. J'ai reçu une injection et, à partir de ce jour, je me suis mise à manger sans jamais être rassasiée. Avant ma jaunisse, je n'étais pas attirée par la nourriture, mais par la suite, tout a changé et je suis devenue obèse à l'adolescence. Maintenant, je passe de la maigreur à la rondeur en alternance.

J'ai vécu dans une famille perturbée. Mon père était alcoolique et ma mère hypoglycémique. Depuis maintenant six ans, je suis en thérapie pour améliorer mon estime de moi et réduire l'anxiété (ou l'angoisse) rattachée à mon éducation et à l'hypoglycémie.

Je me suis mariée à l'âge de 21 ans. J'avais l'impression que je devais me placer sous la dépendance d'une autre personne. J'étais inadaptée à la réalité. Je ne réussissais pas à conserver mes emplois. J'éprouvais des baisses d'énergie (des vertiges). Je souffrais de fatigue chronique, je faisais de l'insomnie. Il m'était très difficile de me concentrer. De plus, je sais maintenant que l'homme que j'ai épousé est aussi hypoglycémique.

Nous avons donné naissance à une fille. Elle a manifesté des symptômes d'hypoglycémie dès les premiers jours: refus de téter, mouvements saccadés des bras et des jambes, coliques, érythème fessier, troubles respiratoires et intolérance au lait animal. J'ignorais à ce moment-là la cause de ses malaises. Elle était crispée et criait sa douleur. Pendant que ma fille criait, mon ex-mari frappait sur le mur à coups de poings en blasphémant et moi, je pleurais. Devant son refus de quitter le logement quand les pleurs de notre fille le dérangeaient, c'était moi qui sortait avec Annie quand je voyais que son père n'en pouvait plus.

J'ai quitté mon mari lorsqu'Annie avait quatre ans et demi. J'ai alors entrepris une psychanalyse. Mon but est d'atteindre le calme intérieur et d'offrir à ma fille un milieu serein, propice à la communication.

Enfin, la supplémentation et une alimentation équilibrée me permettent d'entrer en action et de demeurer active toute la journée. Sans cela, je passe mon temps à grignoter à la recherche d'une augmentation d'énergie. En connaissant mieux le fonctionnement de mon corps, je peux choisir les aliments qui me permettent de contrôler mon taux de sucre sanguin. J'ai développé des allergies à certains aliments, mais je ne les ai pas tous identifiés (p. ex. le blé me rend plus distraite). J'utilise des céréales sans gluten et je tente d'éliminer le plus possible les produits chimiques des sources d'énergie que je consomme. J'achète l'eau que je bois; je ne bois que de l'eau et des tisanes. Quand j'en ai l'occasion, je vais à la campagne respirer un air plus sain.

La lutte contre l'hypoglycémie est un combat de longue haleine mais qui en vaut la peine puisqu'il vise l'obtention d'une meilleure qualité de vie au jour le jour.

PIERRETTE

Je voudrais témoigner ici de mon expérience afin d'aider les personnes qui, comme moi, souffrent d'hypoglycémie.

Si je n'avais pas eu la chance de rencontrer Jeanne D'Arc Marleau, je me demande comment j'aurais fait pour résoudre mes problèmes de santé. En effet, les médecins que j'avais consultés me faisaient passer des examens et des prises de sang mais jamais de test d'hyperglycémie provoquée de cinq heures. Ils ne diagnostiquaient rien d'anormal et me traitaient pour stress et surmenage.

Sur les conseils de Mme Marleau, j'ai demandé à mon médecin de me faire passer le test de cinq heures. La première fois, il a refusé en prétextant que, d'après lui, je ne souffrais pas d'hypoglycémie. Il m'a alors prescrit des pilules pour les nerfs de même que des somnifères. Comme mon problème ne se résolvait pas, j'y suis retournée de nouveau et lui ai demandé de me faire subir ce test. Il a accepté car je lui ai montré le questionnaire que j'avais rempli pour dépister l'hypoglycémie et qui montrait de fortes probabilités que je sois atteinte de cette maladie. Ce test d'hyperglycémie provoquée a bel et bien démontré que je souffrais d'hypoglycémie.

J'ai alors consulté Jeanne D'Arc qui m'a bien renseignée sur cette maladie et m'a expliqué la façon convenable de me nourrir. Le médecin m'avait simplement dit d'éviter le sucre et de manger un fruit à la place. Il ne m'avait pas mise en garde contre une foule d'autres aliments que je dois éviter de consommer.

J'ai suivi les conseils de Jeanne D'Arc à la lettre; il y a maintenant un mois et demi que je suis mon régime et j'ai remarqué une grande amélioration dans mon état de santé. Je dors très bien maintenant, mes nausées ont disparu (sauf quand je triche) et je me sens moins fatiguée qu'auparavant.

Ce n'est pas toujours facile, certes, mais je me sens tellement mieux depuis que j'ai un bon régime de vie; ça vaut bien quelques petits sacrifices!

Pierrette

MAUDE

Je désire exprimer ma reconnaissance à Madame Jeanne D'Arc Marleau qui, par sa compétence et son professionnalisme, a contribué à l'amélioration de mon état d'hypoglycémique et donc à ma qualité de vie.

Maude

RETOUR À LA "NATURE"

J'étais épuisée et souffrais beaucoup d'insomnie. J'avais passé quelques examens médicaux qui n'avaient rien révélé d'anormal. Je me couchais mais n'arrivais jamais à trouver le sommeil et à refaire mes forces. Pourtant, j'étais placée dans des conditions idéales pour revenir à la santé.

J'ai rencontré une infirmière qui, après m'avoir écoutée, s'est douté que la cause de mes problèmes pouvait être l'hypoglycémie. J'ai alors consulté un endocrinologue qui a confirmé cette hypothèse.

C'est alors que j'ai commencé à suivre la diète adaptée aux hypoglycémiques, c'est-à-dire à me nourrir le plus possible d'aliments naturels. J'ai éliminé de mon régime les sucres concentrés, les aliments raffinés, les stimulants artificiels pour ne consommer que des aliments non chimifiés. Au fur et à mesure que mes forces revenaient et que je dormais mieux, j'ai mis de côté les tranquillisants.

Il y a maintenant cinq mois que j'ai changé ma façon de m'alimenter et je constate des progrès sur le plan de ma santé tant psychologique que physique. Même si je n'ai pas encore complètement repris toutes mes énergies, j'ai constaté suffisamment de résultats positifs pour poursuivre mon retour aux aliments naturels.

Une reconnaissante

20 janvier 1988

8

CADEAUX DE LA NATURE

LES CÉRÉALES

Les céréales constituent un complément aux protéines des légumineuses, c'est pourquoi il convient de les consommer au cours du même repas. Entières, elles ont servi de nourriture de base à tous les peuples depuis des millénaires. Toutes ensemble, elles forment un grand réservoir d'énergie, de vigueur, de santé et de beauté. Il faut en manger et en mastiquer tous les jours et ce, en grande variété.

S'il vous plaît, achetez-les entières car le raffinage en enlève le germe, le son et abîme leurs protéines. Pourquoi bâtir votre corps à partir de produits raffinés? Au lieu de construire, vous démolissez... Quelle folie!

Vous objecterez peut-être que les céréales entières sont longues à cuire ou que vous devez changer d'endroit pour faire votre marché. Mais que sont ces quelques minutes de surplus en regard d'une vie de santé? À votre grande surprise, vous découvrirez qu'elles ne prennent pas autant de temps à cuire que vous ne le pensiez lorsqu'on connaît la méthode appropriée.

Pour faire cuire la plupart d'entre elles, il suffit d'amener l'eau à ébullition et d'y verser ensuite la céréale.

P. Ex.: 1 tasse de riz brun ou sauvage
2 tasses d'eau

Mode de préparation:

Dans une casserole qui garde bien sa chaleur et ferme bien,

1. Amener l'eau à ébullition.
2. Ajouter le riz.
3. Baisser immédiatement le feu au plus bas.
4. Laisser cuire environ de 15 à 20 minutes et le tour est joué.

Tableau des céréales et de leur temps de cuisson

Céréales	Cuisson	Eau
Pour une tasse de:		
Riz brun		2 tasses
Riz sauvage		2 1/2 tasses
Sarrasin	**15 à 20**	2 tasses
Millet	**minutes**	2 tasses
Boulgour		2 tasses
Semoule de maïs		4 tasses
Céréales en flocons		2 tasses
Blé entier	**2 heures**	3 tasses
Blé concassé	**1 heure**	3 tasses
Seigle	**1 1/2 heure**	3 tasses

Cf. mode de cuisson

Mouture de céréales

La qualité de la farine est meilleure lorsqu'elle vient d'être moulue, juste avant l'exécution de la recette, et surtout lorsqu'elle provient d'une culture biologique, écologique. Pourquoi ne pas la moudre vous-même? Il existe, sur le marché, des moulins à farine de format familial à des prix très abordables qui constituent d'excellents cadeaux santé à s'offrir. Toutes les sortes de grains peuvent se moudre, non seulement le blé.

Si vous achetez la farine, elle doit être dans **un sac de papier brun et conservée au congélateur** depuis moins de 6 mois. En effet, dès qu'un grain est moulu, il commence à s'oxyder et ce processus en détruit la valeur nutritive. Donc, soyez vigilant(e) dans l'achat de vos farines; les marchés alimentaires conscients de ce fait sont rares. Sachez, de plus, que les farines entières rangées sur les tablettes ne possèdent plus une grande valeur nutritive.

Par ailleurs, pourquoi acheter des céréales en boîte, souvent assaisonnées de préservatifs et de sucre? Procurez-vous les grains et façonnez vos céréales à votre goût. Cela n'est qu'une question d'organisation, de motivation et d'imagination. Vous les trouverez dans les magasins d'aliments naturels.

De même que les sucres sont tout à fait déconseillés à toute personne hypoglycémique et à ceux et celles qui veulent éviter de le devenir, les mets à base de farine blanche raffinée doivent être complètement éliminés de votre alimentation.

Cette décision implique donc la non-consommation des aliments suivants:

- Pâtisseries, gâteaux, muffins et tartes vendus dans les commerces et fabriqués à partir de farine blanche (raffinée);

- Beignes, beignets, biscuits glacés ou non vendus dans les commerces (pour la même raison que ci-dessus);

- Sauces blanches ou brunes;

- Céréales raffinées et déguisées (enrobées) de sucre type "Rice Krispies", "Corn Flakes" ou "All Brand";

- Pâtes blanches (raffinées): macaroni, spaghetti, nouilles, spirales, etc.

Tous ces aliments sont totalement dépourvus de valeur nutritive puisqu'ils sont fabriqués à partir de farine raffinée et, de plus, de sucres, de mauvais gras et de produits chimiques (préservatifs). Lisez les étiquettes et ne choisissez que ce qui est excellent pour votre santé. L'important est que vous vous organisiez et que vous fabriquiez vous-même vos aliments si vous ne pouvez les trouver sur les rayons des magasins.

Faites également le ménage de votre garde-manger et substituez des produits de santé à vos produits de base usuels qui sont malsains. Vous n'êtes plus dans l'ignorance, maintenant; alors, il vous revient de prendre la bonne décision (cf. tableau des échanges, p. 61 et chapitre des recettes, pp. 161).

Il est important de vérifier si vous n'êtes pas allergique ou si vous n'avez pas d'intolérance à l'une ou l'autre céréale. La raison pour laquelle certaines céréales peuvent causer des problèmes à des personnes hypoglycémiques se rattache à l'amidon qu'elles contiennent. En effet, pour être assimilable, l'amidon doit être transformé par un enzyme, l'amylase, et après sa transformation, il devient un sucre simple, directement assimilable, c'est-à-dire le glucose. Cependant, tout ce travail de transformation requiert de l'organisme un investissement d'énergie considérable que les personnes épuisées, comme le sont souvent les hypoglycémiques, ont du mal à accomplir. Elles ressentent alors des ballonnements intestinaux et des gaz à profusion et les toxines s'accumulent dans leur système.

Donc, il ne faut pas passer d'une façon radicale d'une alimentation de céréales raffinées, transformées industriellement à une alimentation de céréales entières non raffinées.

Allez-y doucement; laissez votre corps reprendre force et vigueur, ce qui peut prendre, pour certaines personnes, six mois, pour d'autres un ou deux ans. Il faut que vous soyez à l'écoute de votre corps.

Une bonne façon de voir clair au travers de tous ces changements et réactions consiste à rédiger son journal alimentaire au jour le jour pendant un mois en y indiquant ce que vous consommez et les réactions entraînées. Une fois cette période passée, relisez-le et vous pourrez ainsi déterminer quels aliments vous causent des problèmes (souvent de façon temporaire).

Pour vous faciliter la tâche en début de contrôle, introduisez dans votre menu une céréale à la fois et en petite quantité afin de déterminer si elle vous convient ou non. Commencez par les plus digestibles (millet, sarrasin, seigle, orge), ajoutez ensuite l'avoine et le riz, puis enfin le blé.

Introduisez d'abord les céréales cuites car, d'une part, l'organisme les tolère plus facilement que celles qui ne le sont pas et, d'autre part, elles exigent moins d'énergie pour être digérées. Beaucoup de personnes hypoglycémiques ou épuisées essaient parfois de manger **la crème Budwig du Dr. C. Kousmine** mais sont incapables de la digérer. Cette difficulté provient du fait que les céréales sont crues dans cette crème; elles sont excellentes pour la santé, mais il faut un corps énergique pour les accepter. Il est préférable de commencer à consommer les céréales cuites et, plus tard seulement, de passer aux crues.

Quant à cette crème Budwig, il est possible d'en répartir les ingrédients en petites quantités aux différents repas de la journée:

- l'huile avec le fromage cottage incorporés au petit déjeuner;

- une céréale moulue avec les graines oléagineuses du midi;

- et le reste au souper.

Ce qui importe, c'est de consommer de bons aliments entiers, d'être à l'écoute de son corps et de se donner du temps pour reconstruire ce qui a été détruit pendant des années de malnutrition.

COMMENT CHOISIR SON PAIN?

On retrouve des pains de toutes sortes et en grande quantité sur les rayons des supermarchés, mais hélas! la plupart sont impropres à la consommation. Même les pains bruns de blé entier sont colorés avec de la mélasse ou de la cassonade et autres substances, et sont fabriqués à partir de levure chimique.

"Voici la composition d'un pain de blé entier ordinaire vendu dans le commerce.

- herbicides, pesticides et antibiotiques (utilisés pour la culture du blé)

- 60% de son

- vitamines et fer retirés puis ajoutés

- germe retiré

- levure chimique

- bromate de potassium

- sucre

- mono et diglycérides (ramollissants et émulsifiants)

- propionate de calcium (inhibiteurs de moisissures)".

(Extrait d'un article de Martine Thomas, chroniqueuse en alimentation, publié dans la revue *Humus* de janvier, février 1987, p. 5.).

Saviez-vous que le son du blé entier, en contact avec la levure, crée des phytates qui nous empêchent d'utiliser le fer, le calcium, le zinc et le magnésium. Ainsi, le pain brun est une des causes de notre déminéralisation. Alors, pain blanc ou pain brun!..c'est du pareil au même: le premier est dénaturé et complètement dépourvu de valeur nutritive et le second nous déminéralise.

La solution possible consiste à nous tourner vers le pain fait de farine entière, cultivée selon des procédés biologiques, sans aucun produit chimique et, surtout, fait sur levain avec fermentation lente. Il doit aussi ne pas contenir de sucres ajoutés (cf. tableau des sucres, p. 63) ni de préservatifs. Il convient donc de le conserver au congélateur et de le dégeler par petites quantités, au besoin.

En résumé, le pain que nous consommons doit être fabriqué:

- **à partir d'une farine biologique et entière;**

- **sur levain;**

- **sans aucun additif chimique ou artificiel;**

- **sans préservatif.**

OÙ SE PROCURER CE PAIN?

De plus en plus de fabricants offrent cette qualité de pain. Si vous êtes motivé(e) et décidé(e) de prendre en main votre santé, vous le trouverez, ce pain. Il est offert avec différentes variétés de farine (farines de millet, de maïs, de seigle, de sarrasin, etc.). N'oubliez pas de vérifier si le marchand le conserve au congélateur.

Les personnes qui manifestent des intolérances au gluten des céréales en début de contrôle de l'hypoglycémie peuvent se procurer du pain sans gluten. Eh oui!, ce genre de pain existe.

LES NOIX ET LES GRAINES OLÉAGINEUSES

Le mot "oléagineux" signifie "relatif à l'huile" mais pas à n'importe quelle huile; ce sont des acides gras non saturés, donc facilement assimilables et excellents pour la santé.

Les noix et les graines oléagineuses sont très riches en protéines, d'où leur intérêt majeur dans l'alimentation des hypoglycémiques comme dans celle de tout le monde, d'ailleurs.

Cependant, elles ne contiennent pas tous les acides aminés essentiels que renferment les protéines complètes; c'est pourquoi elles doivent être accompagnées d'une source de protéines complémentaires, telles les céréales ou les légumineuses. Il faut les consommer de façon modérée en raison de leur concentration calorique.

Pour la personne hypoglycémique, elles accompagnent bien les fruits puisqu'elles empêchent la fructose (sucre du fruit) de se précipiter trop rapidement au pancréas. Elles constituent également de bonnes sources de vitamines (surtout du complexe B) et de minéraux tels le potassium, le phosphore, le soufre, le fer, le calcium, etc.

Voici la liste des principales graines oléagineuses:

- **l'acajou (d'où le beurre d'acajou);**

- **l'amande (d'où le beurre d'amande);**

- **l'arachide (d'où le beurre d'arachide);**

- **l'aveline;**

- **la noix de Grenoble;**

- **la noix de coco (sans sucre ajouté);**

- **la pacane;**

- **la pistache (famille des noix d'acajou);**

- **le sésame (d'où le beurre de sésame, tahini);**

- **le tournesol.**

Il est recommandé de les acheter entières, dans l'écale, pour en retirer toute la fraîcheur et la valeur nutritive. Qu'elles soient écalées ou non, il est très important de les conserver au réfrigérateur ou, du moins, dans un endroit frais. Il en va de même pour les beurres fabriqués à partir d'elles. Ces beurres ne doivent contenir ni sucre ajouté ni préservatif et être réfrigérés une fois le pot ouvert.

L'idéal est de griller vous-même ces graines car il est fréquent que les fabricants récupèrent celles qui sont de moindre qualité pour les griller et ainsi camoufler leur mauvais goût ou leur apparence douteuse.

Dans la fabrication des recettes, ces graines oléagineuses sont très intéressantes. On peut les ajouter aux céréales, salades, pains et pâtisseries ou encore les moudre pour en faire du lait.

À vous d'en profiter! Glissez-en de petits sachets dans votre sac ou vos poches pour vos collations; elles sont de très bonnes dépanneuses; elles ralentissent le moteur des hydrates de carbone.

LES LÉGUMINEUSES

Les légumineuses provenant de culture **biologique, écologique** sont riches en protéines végétales, en minéraux, en fibres et leur teneur en gras est très faible.

Elles constituent une excellente source de lécithine — principalement la fève de soya. L'on sait que la lécithine est un fortifiant très actif contre les fatigues d'origine nerveuse et qu'elle permet de réduire le taux de cholestérol (cf. chapitre des vitamines p. 82).

De nombreuses personnes craignent de consommer moins de viande de peur de manquer de protéines. Toutefois, celles-ci se retrouvent aussi bien dans les légumineuses, les grains (céréales) et les noix que dans la viande. Beaucoup de peuples se nourrissent d'ailleurs majoritairement de légumineuses et de céréales et s'en portent très bien. Il s'agit de savoir les combiner pour obtenir des protéines complètes.

Tous les produits laitiers et les oeufs contiennent des protéines complètes, c'est-à-dire renfermant les neuf acides aminés essentiels. Ainsi, chaque fois qu'on les associe à une protéine végétale, on obtient une protéine complète (cf. recette de galettes de légumineuses, p. 240).

Voici des exemples de protéines complètes:

- **Céréales et légumineuses** (purée de pois chiches sur tranche de pain de blé entier (cf. recette Homus, p. 240);

- **Légumineuses et noix ou graines** (tofu et noix de Grenoble (cf.recette Hamburger au tofu, p. 228);

- **Céréales et produits laitiers** (millet cuit et lait) (cf. recette déjeuner au millet et riz nature).

Comme vous pouvez le constater, cette complémentarité s'effectue tout naturellement. Il ne faut surtout pas en faire une nouvelle situation de stress.

Lorsque les combinaisons sont appropriées, nous n'avons pas à consommer les légumineuses en grande quantité. Fini le temps des assiettes combles de fèves au lard! Pour une bonne partie de la population dont le travail est sédentaire, une portion de 1/2 tasse de légumineuses suffit amplement.

Pour en faciliter la digestion, il est recommandé de bien les cuire et les mastiquer.

Voici le mode de préparation des légumineuses:

1. Toujours les mettre à tremper la veille dans de l'eau froide.

2. Au matin, jeter l'eau car elle contient certaines toxines.

3. Toujours les cuire dans l'eau à feu doux et changer l'eau une à deux fois durant la cuisson (pour éviter les gaz).

4. Ajouter l'algue kombu à l'eau, ce qui réduit le temps de

cuisson. — Les fèves germées diminuent également le temps de cuisson et sont beaucoup plus nutritives.

5. Ajouter des assaisonnements pour en faciliter la digestion (ail, oignons, sarriette).

6. Laisser cuire jusqu'à tendreté; la plupart nécessitent de 1 à 4 heures (cf. tableau des légumineuses, p. 139).

7. À la toute fin de la cuisson, ajouter la sauce et les autres assaisonnements.

Vous pouvez en faire cuire deux variétés pour toute la semaine; elles se conservent bien au réfrigérateur. Elles compléteront vos mets de la semaine.

Comme les céréales, il convient de les introduire graduellement dans votre alimentation tout en les combinant aux céréales, noix ou produits laitiers.

TABLEAU DES LÉGUMINEUSES

Légumineuses	Cuisson	Eau ajoutée
Pour une tasse		
Lentilles Rouges	15 min.	
(pas besoin de les tremper)		
Fèves pinto	**1 heure**	3 tasses
Pois cassés		
Fèves de lima		2 tasses
Adukis		
Fèves rouges		
(rognons)		3 tasses
Fèves mung		
Fèves noires		
Pois chiches	**3 heures**	4 tasses
Pois entiers		
Fèves blanches	**3 1/2 heures**	3 tasses
Fèves soya	**3 à 4 heures**	3 tasses

La plus connue des légumineuses est la fève soya; elle est également la plus riche en protéines et très riche en lécithine.

Voici la liste des produits issus de cette fève et que l'on peut se procurer dans les magasins d'alimentation:

1. Tamari
   Miso   **Produits lacto-fermentés**
   Yogourt de soya

2. Beurre de soya
   Lécithine de soya
   Noix de soya
   Huile de soya

3. Lait de soya
   Tofu: **Saucisses de tofu**
                                       Tranches deli de tofu

4. Flocons de soya
   Farine de soya
   Pulpe de tofu (okara)

LES LÉGUMES

Les légumes doivent accompagner chacun de vos repas. Ils sont riches en vitamines et minéraux.Vous devez attacher de l'importance à leur qualité (le plus possible de culture biologique).Votre santé importe plus que les aubaines, ne l'oubliez pas!

De préférence, manger les légumes crus et bien les mastiquer. Il est important de bien les imbiber de salive car c'est à partir du contact de la salive avec les aliments que les enzymes commencent à se former pour poursuivre le travail de digestion et d'assimilation.Si vous les faites cuire, choisissez la cuisson à la vapeur et de courte durée (deux à cinq minutes, tout au plus).Mangez-les au début du repas (comme deuxième entrée) car ils préparent l'estomac à mieux recevoir les aliments plus difficiles à digérer.Les salades de légumes crus constituent de délicieuses entrées; il faut cependant bien les varier (cf. recettes).

Tout repas devrait commencer par un petit fruit frais suivi de crudités, d'où l'utilisation de l'expression deuxième entrée.Il importe d'inclure dans vos menus quotidiens quatre à cinq variétés de légumes, mais si vous devez choisir entre la variété et la qualité, il est préférable de vous en tenir à la **qualité**. Il vaut mieux, en effet, consommer un légume de culture biologique (sans engrais chimique) que plusieurs de culture chimique.

Au début de votre contrôle d'hypoglycémie, il est même important de ne manger qu'un seul légume A au cours d'un même repas ou d'une collation, car les légumes A renferment autant d'hydrates de carbone (sucres) que les fruits.Tout comme les fruits, ils sont très vite absorbés (cinq minutes) et excitent rapidement le pancréas, entraînant ainsi une baisse d'énergie (hypoglycémie), (cf.tableau de la vitesse d'absorption, p. 61).

Après avoir mangé les crudités, vous passez au mets principal qui renferme des protéines et des lipides freinant le légume A et évitant ainsi la baisse d'énergie.

Pour la raison mentionnée ci-dessus, on distingue les légumes A des légumes B.Les premiers poussent principalement en-dessous de la terre et on en mange le tubercule. Il est recommandé d'en consommer des portions d'environ 1/2 tasse (125 ml) à la fois. Ceux du groupe B sont sans valeur calorique puisqu'ils contiennent très peu d'hydrates de carbone. On peut donc en manger à satiété.

VOICI LA LISTE DES LÉGUMES A ET B.

Légumes A:

Carottes	1/2 tasse
Betteraves	1/2 tasse
Macédoine	1/2 tasse
Navet	1/2 tasse
Courge	1/2 tasse

Panais	1/2 tasse
Pois verts frais ou congelés	1/2 tasse
Citrouille cuite	1/2 tasse
Haricots de lima	1/4 tasse
Oignon	1 moyen
Petits oignons	(10)
Poireaux	2 moyens
Jus de légumes (V8)	1 tasse
Jus de tomates	1 tasse
Maïs en épis (féculent)	1 petit
Maïs en grains	1/2 tasse
Maïs soufflé	1 1/2 tasse
Patate sucrée	1/2 moyenne
Pomme de terre	1 petite
en purée	1/2 tasse
frite	10 moyennes

Légumes B:

Asperges	Courge spaghetti	Haricots jaunes
Aubergines	Courgette zucchini	ou verts
Artichaut	Cresson	Oignons verts
Brocoli	Endive	(échalottes)
Céleri	Crosse de fougère	Okra
Chicorée	Épinard	Persil
Champignons	Escarole	Poivron vert
Chou	Feuilles de navet	ou rouge
Chou-fleur	et de betterave	Radis
Chou-rave	Pissenlit	Tomate
Chou chinois	Germes de luzerne	Pousses de
Choucroute	Germes de	bambou
(lacto-fermentation)	haricots	
ou autres choux	mungo	
Concombre	Laitue	

et vous pouvez continuer la liste vous-même ...

LES FRUITS

Les fruits, si souvent ignorés comparativement aux autres sources de sucres, doivent devenir maintenant vos sucrants. Ils regorgent d'hydrates de carbone (sucres), de vitamines et minéraux. On peut les consommer frais et secs, c'est-à-dire déshydratés.

Une consommation de deux à trois fruits frais par jour est suffisante. Quant aux fruits secs, il convient d'être plus prudent(e) en début de contrôle car ils contiennent moins d'eau et leur concentration en hydrates de carbone (sucres) est plus grande. Lors de l'achat de certains fruits secs, faites attention car certaines compagnies y ajoutent des sucres raffinés, tel que le sucre blanc. Vous comprendrez qu'il ne faut pas acheter ces derniers. Il faut être très critique lors de l'achat de fruits secs. En ce qui concerne la quantité à manger en une seule fois, veuillez vous référer au tableau des fruits, plus bas sur cette page. Encore une fois, il ne s'agit pas de vous stresser avec les quantités, ce tableau vise seulement à donner un aperçu global.

Équivalent d'une portion:

Fruits secs

Dattes	2
Abricots séchés	4 moitiés
Figue	1
Banane séchée	4 tranches
Pêche séchée	1 moitié
Poire séchée	1 moitié
Pomme séchée	5 tranches
Raisins secs	2 c. à table

Fruits frais

Bleuets	1/2 tasse
Ananas frais	1/2 tasse ou 2 tranches
Kiwi	1 moyen
Cantaloup	1/2 de 5 po. de diamètre
Banane	1/2
Fraises	1 tasse

Abricots	2 moyens
Pêche	1 grosse
Poire	1 petite
Pomme	1 petite
Pomme en compote sans sucre ajouté	1/2 tasse
Framboises	1 tasse
Groseilles	1 tasse
Raisins	14
Clémentine	2
Mandarine	1 grosse
Mangue	1/3 moyenne
Melon d'eau	1 tranche d'un po. ou 2 cm
Melon de miel (5 po. de diamètre)	1/2 melon
Mûres	3/4 tasse
Nectarine	1 moyenne
Orange	1 moyenne
Pamplemousse	1/2 moyen
Papaye	1/3 moyenne
Pomme grenade	1 petite
Pruneaux, prunes	2 moyens
Rhubarbe cuite, non sucrée	1 tasse
Salade de fruits frais maison	1/2 tasse
Tangelo	1

Comme vous pouvez le constater par ce tableau, une portion normale consiste en un petit fruit frais et la demi-quantité lorsque le fruit est séché. N'allez surtout pas vous en faire un casse-tête!

Si vous prenez des fruits en conserve, ne le faites que rarement. Il importe alors de choisir ceux qui sont sans sucre ajouté et de les rincer.

De plus, la raison pour laquelle on doit se limiter à 2 ou 3 fruits par jour est que le fruit étant très concentré en hydrates de carbone (sucres), il excite le pancréas de l'hypoglycémique. Si l'on se réfère au tableau de vitesse d'absorption des aliments (p. 61), on constate qu'en début de contrôle on doit les manger en les associant à des protéines et des lipides, ou l'un ou l'autre.

Comme pour tout autre aliment, il est préférable d'acheter les fruits provenant d'une culture biologique.

Il convient également de surveiller le degré d'acidité des fruits. En effet, les fruits acides sont, comme le vinaigre, les levures, le chocolat, le sucre blanc et les sucres concentrés, des déminéralisants et des décalcifiants (des os et des dents). Étant donné que la personne hypoglycémique n'a pas l'énergie nécessaire pour une bonne digestion en début de contrôle, elle ne brûle pas les acides ingérés et ceux-ci passent au niveau du sang, réduisant davantage le peu de résistance de l'organisme. Celui-ci devient alors un terrain propice aux infections de toutes sortes et ses réserves minérales se dégradent petit à petit. Pour que l'organisme soit capable de neutraliser les acides ingérés, il doit posséder de bonnes réserves alcalines et pour cela, il faut un corps en santé. Le sang cherche constamment à garder son degré d'alcalinité, sinon il va puiser dans les os et les dents (réserves alcalines). C'est pourquoi il faut consommer les fruits acides avec beaucoup de modération, surtout lorsqu'on est épuisé(e), maigre et sans trop d'énergie (ce qui est souvent le cas des hypoglycémiques).

De plus, pour que les fruits ne laissent pas trop de résidus acides, il faut les manger bien mûrs. Contrairement aux fruits, les légumes ne laissent en général pas trop de résidus acides, mais plutôt des résidus alcalins, exception faite de la tomate lorsqu'elle n'est pas bien mûre. En conséquence, compte tenu de la rigueur de nos hivers, qui est une source de stress supplémentaire pour notre organisme, il est préférable que vous diminuiez la consommation des fruits et autres aliments acides en cette saison.

Voici un tableau des fruits selon leur dedré d'acidité:

FRUITS ACIDES

Pamplemousse	Clémentine	Fraise
Orange	Abricot	Bleuet
Lime	Tomate	Raisin frais
Citron	Kiwi	Framboise
Ananas	Certaines pommes	Mûre
Grenade	(ex.: McIntosh)	Nectarine
Cerise	Prune	Tangerine

FRUITS MI-ACIDES

Melon d'eau	Poire	Datte
Melon de miel	Pêche	Figue
Cantaloup	Banane	Avocat

Pomme jaune
Pomme-poire rouge (ce sont les moins acides)

FRUITS DOUX

Banane
Fruits secs (sans sucre ajouté)

- N'oubliez pas de les manger bien mûrs, surtout mûris au soleil, si vous voulez que votre corps en profite.
- Bien les mastiquer et les imbiber de salive.
- Les manger, de préférence, avant le repas comme première entrée, juste avant vos crudités et suivis de votre mets principal.
- Si vous vivez un plus **grand stress**, allez jusqu'à les éliminer temporairement pour les raisons énumérées ci-devant et puisez plutôt vos hydrates de carbone (sucre) dans les légumes A et les fruits doux.
- Diminuez leur consommation en hiver.

- Achetez-les de préférence de source biologique (engrais organiques).

Soyez surtout attentif(ve) à ce que vous vivez avant de les manger.

LES HUILES VÉGÉTALES

Seules les huiles pressées à froid et les huiles pressées à froid de première pression sont recommandées. Toutes les autres sortes d'huiles commerciales, même celles dites naturelles, sont extraites à l'aide de dissolvants. Elles sont toxiques et leurs grains chauffés perdent une bonne partie de leur valeur nutritive. De plus, comme elles sont traitées et hydrogénées, elles perdent leur qualité de gras non saturé.

Les deux premiers types d'huile se distinguent par plusieurs aspects qu'il importe de connaître pour s'en servir convenablement.

L'huile pressée à froid est extraite par pression mécanique, à vitesse lente, sans dépasser une température de 30° à 40° Celcius. On n'utilise donc pas de dissolvant pour l'extraction comme on le fait pour les huiles commerciales. Donc, elle ne contient pas de toxines. Cependant, comme elle n'est pas de première pression, elle est de moindre qualité. Elle convient plutôt pour la cuisson.

Je conseille les huiles suivantes en raison de leur point de fumée élevé, c'est-à-dire la température à laquelle elles se transforment en fumée bleue, signe qu'elles se décomposent en substances toxiques:

- l'huile de carthame;   460° F/240° C

- l'huile d'arachide   460° F/240° C

- l'huile de sésame   460° F/240° C

L'huile pressée à froid de première pression est également extraite par pression mécanique, à vitesse lente, sans dépasser une température de 30° à 40° Celcius. Elle est cependant de la toute première extraction, donc elle conserve toute sa qualité et ne renferme aucun dissolvant. Elle a un goût prononcé, ce qui est un signe de grande qualité.

Il convient de l'utiliser dans la fabrication de tous les mets qui n'exigent pas de cuisson (p. ex. dans les salades, sur le riz cuit ou autres céréales cuites ou sur les pommes de terre cuites).

C'est l'huile par excellence. Ses gras insaturés permettent le transport des vitamines solubles dans l'huile (vitamines A, D, E et K). De plus, elle renferme de grandes quantités de vitamines E et F (anti-cancéreuses) que l'organisme ne fabrique pas. Elle est d'une importance primordiale pour la croissance, la reproduction, la peau et le système nerveux.

Voici la liste des principales huiles pressées à froid de première pression:

- **l'huile de carthame (la plus précieuse);**
- **l'huile de tournesol;**
- **l'huile d'arachide;**
- **l'huile de soya;**
- **l'huile de sésame;**
- **l'huile d'olive (efficace contre certains eczémas);**
- **l'huile de maïs.**

N.B. L'huile de lin doit être prise avec certaines précautions, c'est-à-dire en l'émulsionnant dans du fromage mou, genre cottage, sinon elle peut causer du tort au foie.

Il est préférable d'utiliser les huiles pressées à froid et pressées à froid de première pression au lieu du beurre (gras animal) qu'on ne doit consommer qu'à l'occasion. Je ne conseille aucune sorte de margarine car elles sont fabriquées à partir de substances artificielles et presque toutes, sinon toutes, sont cancérigènes.

Par ailleurs, utilisez le moins de gras possible pour vos cuissons et faites usage du four au maximum. Quant aux huiles pressées à froid de première pression, versez-les sur vos aliments tièdes ou froids. N'hésitez pas, elles sont une mine d'or pour votre santé.

Il est important de conserver les huiles pressées à froid de première pression au réfrigérateur après la première utilisation et dans leur contenant de verre teinté afin de ne pas détruire certaines vitamines comme la vitamine E qui est un anti-oxydant. Si vous voyez un dépot filamenteux au fond du contenant, ne vous affolez pas; ceci est tout à fait normal; c'est un signe que l'huile est de bonne qualité.

9

JE PRENDS MA SANTÉ EN MAIN

LES PRODUITS LAITIERS

L'adulte ne possède pas l'enzyme (lactase) nécessaire à une bonne assimilation du lait. En effet, cette enzyme diminue à partir de la naissance pour disparaître complètement quand la personne est âgée d'environ sept ou huit ans. C'est pourquoi il faut consommer les produits laitiers avec beaucoup de modération.

Lorsque vous consommez du lait, utilisez **le lait entier et cru de préférence.** S'il est vrai que le lait constitue une excellente source de calcium, si important pour le système osseux, entre autres, il existe également une multitude d'autres produits qui en contiennent tout autant. Pensons seulement aux **algues** qui en renferment en abondance mais dont les propriétés sont ignorées par la plupart d'entre nous. Les algues aramé et hiziki sont celles qui en contiennent le plus (cf. notes sur les algues, p. 158). **Certains légumes, légumineuses, céréales et fruits sont également de bonnes sources de calcium, notamment le navet, la carotte, le panais, les fruits secs, l'orge, le sarrasin et la poudre d'os.**

Quant aux fromages, il est préférable de les choisir maigres, sans colorants artificiels et non enrobés de cire. En effet, la cire (paraffine) qui recouvre beaucoup de fromages est un dérivé du pétrole, substance cancérigène au même titre d'ailleurs que tous les colorants artificiels. La paraffine chaude pénètre les fromages et y laisse des résidus.

Consommez surtout le yogourt nature, sans sucre ajouté ou celui que vous fabriquerez vous-même (cf. chapitre des recettes, p. 222). Attention aux yogourts dits naturels fruités car ils contiennent du sucre ou des substituts du sucre.

LES BIENFAITS DE LA LACTO-FERMENTATION

La fermentation lactique consiste en un procédé utilisé pour la conservation de certains aliments; sa valeur est sans pareille pour le métabolisme humain. Certains peuples l'utilisent depuis des millénaires; nous l'avons mise de côté et en payons maintenant le prix par le biais des nombreux maux chroniques qui nous affligent couramment. Pourtant, ce procédé est simple, à notre portée, et il permet non seulement de conserver l'aliment plus longtemps mais encore de créer de nouvelles vitamines, enzymes et oligo-aliments précieux.

Les lacto-fermentations de légumes, le miso, le yogourt, la choucroute, le kéfir et le réjuvelac collaborent étroitement à renforcer notre système immunitaire à partir des nombreuses enzymes qui s'en dégagent. Ces dernières permettent des échanges et combinaisons chimiques importantes dans l'organisme. Notre système de défense, comme toutes les autres cellules de notre corps, a besoin de cette nourriture.

Ces lacto-fermentations existent naturellement dans notre organisme, mais malheureusement, elles diminuent avec l'âge. Les enzymes produites par ce procédé jouent un rôle primordial dans l'assimilation et aident à éliminer les déchets de la digestion. Elles décongestionnent le sang et notre système immunitaire. Elles aident également à réduire la tension artérielle en dégageant de la choline, reconnue comme régulatrice et régénératrice du sang. Cette dernière est aussi excellente contre la constipation et renforce le système nerveux.

Les lacto-fermentations fournissent de plus les bactéries indispensables à une bonne digestion et à une bonne élimination. Elles produisent de l'acide lactique et les bactéries "ennemies" ne peuvent se développer dans un milieu d'acide lactique.

Enfin, elles constituent un excellent tonique, peu coûteux, qui relance la vitalité du système immunitaire et de l'ensemble de l'organisme.

Comme nous pouvons le constater, la liste des bienfaits des lacto-fermentations est longue. Cependant, il ne faut pas s'en gaver, car une trop grande quantité d'acide lactique dans le sang peut le rendre indûment acide, ce qui entraîne sa déminéralisation. On peut s'assurer d'une saine activité enzymatique en dégustant une petite carotte, un haricot vert ou jaune ou tout autre produit lacto-fermenté quelques minutes avant le repas.

On peut également préférer la soupe **"source vive"** (cf. chapitre des recettes, p. 207. Prendre un de ces légumes ou cette soupe avant le repas constitue un excellent moyen de bien ensemencer le système digestif et d'éviter la putréfaction intestinale. On prévient donc ainsi les maladies infectieuses telles le cancer, le sida, etc. de même que la prolifération des oxyures (petits vers blancs logés dans les intestins qui se développent dans un milieu de putréfaction, c'est-à-dire où se multiplient les mauvaises bactéries). Environ 90 pour cent des enfants et adultes présentent des oxyures en permanence en raison d'une mauvaise mastication et d'une digestion inadéquate conduisant à la putréfaction intestinale.

Voici la liste des lacto-fermentations les plus accessibles:

- le miso;

- la sauce tamari;
- la choucroute;
- les légumes lacto-fermentés (très rares);
- le tempeh;
- le yogourt;
- le lait caillé;
- le kéfir;
- le réjuvelac;
- le pain au levain.

On peut se procurer ces produits dans les magasins d'aliments naturels. Le chapitre des recettes contient plusieurs recettes à base de lacto-fermentations. À vous de les mettre à l'essai.

LES LÉGUMES LACTO-FERMENTÉS

Tous les légumes peuvent être lacto-fermentés: carottes, haricots, choux, navets, betteraves, etc.

Mode de préparation recommandé:

1. Procéder avec beaucoup de propreté; ébouillanter le contenant et les ustensiles utilisés.

2. Faire votre première expérience avec une petite quantité de légumes.

3. N'utiliser que des légumes biologiques, organiques, car les légumes cultivés aux engrais et insecticides chimiques ne fermentent pas, ils pourrissent.

4. Laver à fond les légumes.

5. Choisir un contenant de verre et y déposer les légumes en morceaux de 1 à 2 cm d'épaisseur. Il est possible d'utiliser de petites carottes entières ou des haricots entiers; bien les tasser au fond du contenant.

6. Couvrir les légumes de saumure. Celle-ci est un mélange d'eau et de sel marin à raison de 1 c. à thé pour 1 litre d'eau de source.

7. À l'aide d'une baguette de bois, enlever les bulles d'air du contenant, ainsi les micro-organismes indésirables ne peuvent se développer. La lacto-fermentation se produit en l'absence d'air.

8. Mettre une plaque de verre sur le dessus du contenant surmontée d'un léger poids afin que les légumes trempent dans leur jus.

9. Déposer le contenant dans un plateau ou une grande assiette pour recueillir le surplus de jus au cours de la fermentation.

10. Laisser fermenter dans un endroit frais; à 10-15° C (60° F), les ferments lactiques se développent de façon idéale. Plus la température est élevée, plus la fermentation se produit rapidement.

11. Dès les premiers jours et ce, pendant une semaine environ, on peut assister à la formation de bulles dans le contenant. Par des mouvements de gauche à droite, on fait remonter celles-ci à la surface deux à trois fois par jour, tant qu'il en reste.

12. Une fois par jour, enlever l'écume qui se forme sur le dessus du contenant et bien laver le verre. Ajouter de la saumure jusqu'au bord du contenant. Elle se conserve au réfrigérateur (même procédé qu'au numéro 6).

13. Toujours recouvrir le tout d'un grand linge propre afin que les poussières et saletés n'y pénètrent pas.

14. Vérifier le temps de fermentation pour de bons résultats. Celle-ci prend environ deux à trois semaines.

15. La fermentation est terminée lorsque le liquide s'éclaircit et que les légumes retombent au fond du contenant. Ils doivent demeurer croustillants.

Les enfants aiment en général les produits ainsi fermentés. Vous pouvez en déguster un morceau avant chaque repas.

Conservez le contenant fermé hermétiquement dans une pièce froide ou au réfrigérateur.

On peut cuire les aliments lacto-fermentés à la vapeur sans que soit détruit l'acide lactique, mais il est préférable de les consommer crus.

Ne jetez jamais le liquide de fermentation; utilisez-le plutôt pour confectionner de délicieuses soupes.

LA GERMINATION

D'après le petit Larousse, germe signifie "stade simple et primitif d'où dérive tout être vivant (oeuf, jeune embryon, plantule, spore, etc.), jeune pousse d'un tubercule de pomme de terre". Ainsi, **faire ses propres germinations, c'est jour après jour se donner la vie.** C'est aussi un moyen de retrouver l'autonomie face à sa santé.

Les germinations ont la propriété d'entretenir la santé des cellules et de les régénérer. Elles constituent également une excellente façon de consommer de la nourriture bien vivante en plein coeur de l'hiver. Elles débordent de vitamines, protéines et minéraux; en fait, elles les doublent et les triplent même.

Elles remplacent aussi facilement un bol de salade crue que tout autre légume. Elles ne contiennent que très peu de calories mais fourmillent d'enzymes, d'acides aminés, de chlorophile, de phosphore et de multiples minéraux et vitamines. Elles sont considérées comme un aliment complet et il ne coûte que quelques cents pour en décorer une pleine assiette.

Nous sommes leur printemps; elles hibernent en attendant que nous leur procurions l'eau, l'air et la chaleur nécessaire pour les réveiller, les faire respirer et croître.

La germination doit devenir une activité quotidienne; elle

n'exige qu'un peu d'organisation.

Matériel requis:

1. Pots de verre à gros goulot, genre pots Mason.

2. Moustiquaire de nylon ou d'acier inoxydable ou tout autre tissu laissant passer l'air et l'eau.

3. Bande élastique ou couvercles des pots Mason (n'utiliser que la bande).

4. Assiette profonde pour permettre l'égouttage des graines.

Méthode de germination:

1. Choisir des graines organiques biologiques.

2. Les rincer pour les nettoyer.

3. Les faire tremper toute une nuit dans les pots recouverts du filet.

4. Mettre trois fois plus d'eau que de graines car elles gonfleront du double au moins durant la nuit.

5. Le matin, bien les égoutter et les rincer à l'eau tiède. Conserver l'eau de trempage pour la boire ou pour les soupes et potages; elle est nutritive.

6. Déposer les pots dans un angle de 45° environ dans des assiettes profondes.

7. Les remiser dans un endroit sombre et chaud (autour de 68° F), dans un coin, à l'intérieur d'une armoire, par exemple.

8. Ne pas oublier de les rincer au moins deux fois par jour (se fabriquer un aide-mémoire à cet effet).

9. Après quatre à six jours, selon la variété, elles sont bonnes à déguster.

10. Avant de les utiliser, les laisser verdir à la lumière du jour pendant quelques heures, juste assez longtemps pour qu'elles regorgent de chlorophyle.

N.B. La chlorophyle refait la qualité du sang. Elle désintoxique et revitalise le système. D'où l'importance de retrouver dans notre assiette, à chaque repas, des crudités, germinations, légumes verts, pousses de sarrasin ou de tournesol. etc.

11. Garder au réfrigérateur.

N.B. Le fenugrec doit être mangé au cours des deux jours qui suivent.

Toute graine peut être germée de cette manière et devenir un aliment de vie.les plus couramment utilisées sont la luzerne, le fenugrec, le blé, les lentilles, les fèves mung (chop suey) et le millet (excellent pour les hypoglycémiques).

QUELQUES MOTS SUR LES ALGUES

Communément appelées "légumes de mer", les algues possèdent une très grande valeur nutritive; elles sont également une excellente source de minéraux, de vitamines et de protéines. On les utilise en industrie, en agriculture, en alimentation, en médecine, pour les soins de beauté, etc. Elles constituent une richesse naturelle inépuisable.

Les plus importantes en alimentation sont:

- l'aramé et le hiziki (les plus riches en calcium);

- la nori (la plus riche en protéines);

- la kombu (riche en vitamines du complexe B; elle réduit le temps de cuisson des légumineuses);

- l'agar-agar (gélatine végétale qui remplace avantageusement la gélatine commerciale; elle est riche en iode et en minéraux. En saupoudrer sur les salades;

- la wakamé (cf. kombu);

- la dulse (riche en fer et en iode).

Ces algues peuvent s'ajouter aux recettes et être consommées crues ou cuites. On peut les utiliser en poudre, à la place du sel.

Il est recommandé de prendre un bain aux algues (granules de varech) une à deux fois par semaine.

10

LES RECETTES

Les recettes présentées à l'intérieur de ce chapitre ne correspondent pas à un caprice ou à une mode passagère; elles sont plutôt le fruit d'un retour à la vérité et à la vie. Cuisiner n'a rien de sorcier pour moi, c'est même devenu fascinant. Je suis maintenant consciente qu'en fabriquant mes recettes à partir d'aliments sains, je continue à donner la vie.

La vie ne sort pas que de l'utérus, mais de tout ce qui vient de la nature et qui est conservé respectueusement. **Bien se nourrir, c'est se donner la santé à soi-même ainsi qu'à sa progéniture.**

Je souhaite que cette fonction quotidienne ne soit plus pour vous une corvée mais plutôt une activité créatrice dans le prolongement de ce que la nature a fait de merveilleux avant nous.

Déjeuners

DÉJEUNER DE GRAINES GERMÉES
(sans cuisson pour 3 personnes)

Ingrédients:

250 ml	de blé dur germé	1 tasse
250 ml	de luzerne germée	1 tasse
250 ml	de millet ou lentilles germées	1 tasse
125 ml	de raisins secs, fruits frais ou secs, canelle au goût	1/2 tasse

Mode de préparation:

1. Mettre au mélangeur les trois variétés de graines germées.

2. Ajouter l'eau de trempage des raisins (1 1/2 tasse, ou 375 ml de liquide par tasse de graines germées) et mélanger.

3. À ceci ajouter des tranches de bananes ou des raisins, ou des pommes en morceaux.

4. Assaisonner de cannelle.

CRÈME DE CÉRÉALES (DÉJEUNER)
(Cuisson: sur feu doux)

Ingrédients:

180 ml	d'eau	3/4 tasse
30 ml	de flocons d'avoine	2 c. à table
30 ml	de millet entier	2 c. à table
30 ml	de semoule de maïs	2 c. à table
3-4	figues en morceaux ou dattes	3 à 4

Mode de préparation:

1. Porter l'eau à ébullition. Jeter le millet et les flocons d'avoine dans le mélangeur ou dans le moulin à café et réduire en une farine grossière.

2. En remuant, ajouter la farine de millet, d'avoine et la

semoule de maïs dans l'eau bouillante.Couvrir, réduire le feu au minimum.

3. Cuire 5 minutes en remuant de temps à autre.

4. Servir avec des figues en morceaux, agrémenté de yogourt nature, ou lait.

DÉJEUNER AU MILLET ET RIZ NATURE
(Cuisson sur feu doux, pour 3 personnes)

Ingrédients:

60 ml	de millet	4 c. à table
30 ml	de riz pulvérisé au moulin à café ou robot	2 c. à table
60 ml	d'amandes finement broyées	4 c. à table
10 ml	de poudre de caroube non sucrée	2 c. à thé
15 ml	de graines de citrouille séchées finement broyées	3 c. à thé
15 ml	de graines de lin finement broyées	3 c. à thé

Mode de préparation:

1. Bien mélanger les ingrédients et les recouvrir de lait.

2. Faire cuire pendant 5 à 10 minutes.Laisser tiédir.

3. Recouvrir d'un fruit haché ou de quelques raisins secs ou de noix de coco râpée.

DÉJEUNER EXPRESS

Ingrédients:

250 ml	de muesli	1 tasse
250 ml	de yogourt nature	1 tasse
125 ml	de fruits frais	1/2 tasse
60 ml	de germe de blé	1/4 tasse
60 ml	de son de blé	1/4 tasse

Mode de préparation:

1. Mélanger et déguster!

DÉJEUNER AUX CÉRÉALES 8 GRAINS
(Cuisson sur feu doux; 3 portions)

Ingrédients:

180 ml	de céréales 8 grains	3/4 tasse
250 ml	d'eau de source	1 tasse
3	pommes crues	3
180 ml	de yogourt nature	3/4 tasse
60 ml	de noix de Grenoble hachées grossièrement	1/4 tasse

Mode de préparation:

1. Vider l'eau dans les céréales et cuire 10 minutes à feu doux en brassant 2 à 3 fois.

2. Dans le mélangeur ou robot, déposer le yogourt et les pommes coupées en morceaux. Broyer.

3. Placer les céréales cuites dans un bol avec le mélange aux pommes et yogourt.

4. Décorer de noix de Grenoble hachées.

5. Breuvage chaud au dahlia.

Muffins
&
crêpes

MUFFINS À L'AVOINE ET AUX FIGUES
(Four: 400° F (200°); Rendement: 24 muffins)

Ingrédients:

330 ml	de flocons d'avoine	1 1/3 tasse
500 ml	de lait entier	2 tasses
2	oeufs battus	2
125 ml	d'huile de carthame pressée à froid	1/2 tasse
330 ml	de farine de blé entier à pâtisserie	1 1/3 tasse
330 ml	de farine de maïs entière	1 1/3 tasse
30 ml	de poudre à pâte	2 c. à table
5 ml	de cannelle	1 c. à thé
1 ml	de clou de girofle	1/4 c. à thé
2 ml	de sel marin	1/2 c. à thé
80 ml	de figues hachées	1/3 tasse

Mode de préparation:

1. Mélanger les flocons d'avoine, le lait, les oeufs et l'huile.

2. Laisser ce mélange tremper dix minutes.

3. Mélanger les ingrédients secs et les figues.

4. Ajouter le mélange d'avoine et d'ingrédients liquides.

5. Brasser légèrement.

6. Remplir aux 2/3 les moules à muffins graissés et enfarinés.

7. Cuire 15 à 20 minutes.

MUFFINS À LA COMPOTE DE POMMES
(Four: 350° (180°); Rendement: 12 muffins)

Ingrédients:

375 ml	de farine de blé entier à pâtisserie	1 1/2 tasse
180 ml	de son de blé	3/4 tasse

45 ml	de poudre à pâte	3 c. à thé
2	oeufs	2
60 ml	d'huile de sésame pressée à froid ou de carthame pressée à froid	1/4 tasse
125 ml	de compote de pommes	1/2 tasse
60 ml	de yogourt	1/4 tasse
180 ml	de lait entier	3/4 tasse
125 ml	de raisins secs	1/2 tasse

Mode de préparation:

1. Bien mélanger tous les ingrédients secs, (excepté les raisins).

2. Battre les oeufs avec l'huile, le lait, le yogourt et la compote de pommes.

3. Incorporer les ingrédients secs en battant; puis ajouter les raisins.

4. Verser dans des moules à muffins préalablement huilés et enfarinés.

5. Cuire au four pendant 20 minutes.

MUFFINS AU YOGOURT DE MARIE
(Four: 350° (180°); Rendement: 2 douzaines de muffins)

Ingrédients:

500 ml	de yogourt nature	2 tasses
10 ml	de bicarbonate de soude	2 c. à thé
2	oeufs	2
250 ml	d'huile pressée à froid	1 tasse
500 ml	de son ou 250 ml (1 tasse) de son avec 1 tasse de gruau	2 tasses
10 ml	de vanille	2 c. à thé
500 ml	de farine de blé entier	2 tasses
2 ml	de sel de mer	1/2 c. à thé

| 20 ml | de poudre à pâte | 4 c. à thé |
| 250 ml | de bleuets frais ou congelés (ou autres fruits au goût) | 1 tasse |

Mode de préparation:

1. Mélange 1: Dans un grand bol, placer le yogourt avec le bicarbonate de soude et bien mélanger.

2. Mélange 2: Dans un autre bol, battre ensemble oeufs, huile, ajouter le son et la vanille.

3. Mettre ensemble farine, poudre à pâte et sel, et ajouter au mélange 2 en alternant avec le mélange 1.Verser dans des moules à muffins huilés et enfarinés.

4. Cuire pendant 35 minutes.

MUFFINS AUX FRUITS DE BLÉ ENTIER
(Four: 350° F (180° C); Rendement: 12 muffins)

Ingrédients:

375	de farine de blé entier	1 1/2 tasse
180 ml	de son de blé	3/4 tasse
15 ml	de poudre à pâte	3 c. à thé
60 ml	d'huile de sésame pressée à froid	1/4 tasse
310 ml	de lait de vache ou de chèvre	1 1/4 tasse
2	oeufs	2
250 ml	de raisins secs ou tout autre fruit sec haché finement	1 tasse

Mode de préparation:

1. Mélanger tous les ingrédients secs, sauf les fruits.

2. Battre les oeufs avec l'huile et le lait.

3. Incorporer les ingrédients secs en battant, puis ajouter le fruit sec désiré.

4. Verser dans des moules à muffins préalablement huilés et enfarinés.

5. Cuire pendant 15 à 20 minutes.

GALETTE DE SARRASIN ET MILLET
(Four: 350° F (180° C))

Ingrédients:

160 ml	de farine de sarrasin entière	2/3 tasse
160 ml	de farine de millet entière	2/3 tasse
5 ml	de soda à pâte	1 c. à thé
2 ml	de sel marin	1/2 c. à thé
450 ml	d'eau de source froide	presque 2 tasses
500 ml	de fromage cheddar cru râpé	2 tasses
	Huile pressée à froid	

Mode de préparation:

1. Joindre l'eau aux ingrédients secs et laisser reposer.

2. Étendre une couche mince de cette pâte dans une poêle de fonte huilée et cuire à feu moyen.

3. Sur chaque galette, déposer du fromage râpé.

4. Plier la galette en deux et saupoudrer de fromage.

5. Gratiner au four pendant quelques minutes.

6. Déguster avec le mélange fraîcheur aux fruits. (cf. recette).

CRÊPES MULTI-FARINE ET RACLETTE OKA
(Four: 350°F (180°C); Rendement: 4 portions)

Ingrédients:

60 ml	de millet entier fraîchement moulu	1/4 tasse
60 ml	de riz entier fraîchement moulu	1/4 tasse
60 ml	de graines de sésame entières fraîchement moulues	1/4 tasse
125 ml	de sarrasin entier moulu	1/2 tasse
5 ml	de poudre à pâte	1 c. à thé
1	oeuf	1

60 ml	d'huile pressée à froid	1/4 tasse
60 ml	de raisins secs	1/4 tasse
125 ml	de lait entier cru si possible	1/2 tasse
125 ml	d'eau de source à volonté	1/2 tasse
	Raclette d'Oka	

Mode de préparation:

*N.B.: N'oubliez pas de chauffer le four au préalable.

1. Déposer dans le mélangeur: l'oeuf, l'huile, le lait et les raisins secs; battre à grande vitesse.

2. Ajouter toutes les farines et la poudre à pâte et battre à nouveau.

3. Ajouter l'eau nécessaire pour la consistance désirée.

4. Étaler par couche mince dans une poêle de fonte huilée et cuire sur feu moyen.

5. Après la cuisson, déposer les crêpes sur une plaque à biscuits; y déposer le fromage de raclette par tranche mince.

6. Faire fondre au four.

7. Garnir de compote de pommes si désiré.

CRÊPES AUX POMMES DE TERRE
(Cuisson: feu moyen)

Ingrédients:

750 ml	de pommes de terre râpées	3 tasses
1	gros oignon haché ou râpé	1
3	oeufs légèrement fouettés	3
60 ml	de farine de maïs ou de blé entier à pâtisserie	1/4 tasse
1 ml	de basilic	1/4 c. à thé
1 ml	de thym	1/4 c. à thé
30 ml	de persil frais haché	2 c. à table
1 ml	de sel de mer	1/4 c. à thé
	Huile pressée à froid pour la friture	

Mode de préparation:

1. Tremper pendant quelques minutes les pommes de terre dans l'eau salée.

2. Mélanger l'oignon, les oeufs, la farine, le persil, le thym, le basilic.

3. Retirer les pommes de terre de l'eau et ajouter tous les autres ingrédients.

4. Déposer à la cuillère des rondelles plates de ce mélange et frire dans l'huile des deux côtés.

5. Garder au chaud.

6. Servir avec de la compote de pommes, parsemer de noix de Grenoble hachées.

CRÊPES AUX CAROTTES ET AMANDES
(Cuisson: sur feu moyen)

Ingrédients:

2	oeufs	2
60 ml	d'huile de carthame pressée à froid	1/4 tasse
180 ml	de lait	3/4 tasse
3	dattes coupées en morceaux	3
8	amandes	8
60 ml	de farine de maïs entière	1/4 tasse
60 ml	de farine de sarrasin entière	1/4 tasse
180 ml	de farine de blé mou entière	3/4 tasse
1	grosse carotte râpée	1
	eau de source pour éclaircir	

Mode de préparation:

1. Battre les 5 premiers ingrédients dans le mélangeur.

2. Ajouter la carotte et les 3 sortes de farines. Battre à nouveau.

3. Éclaircir le mélange avec de l'eau de source au besoin.

4. Cuire dans une poêle de fonte à feu doux ou moyen.

5. Farcir: - fromage cottage
   - compote de pommes
   - noix hachées

Délicieux!

CRÊPES POUR LE DÉJEUNER FAMILIAL
(Cuisson: sur feu moyen)

Ingrédients:

250 ml	de yogourt nature	1 tasse
250 ml	de lait entier de vache ou de chèvre	1 tasse
125 ml	de farine de sarrasin entier	1/2 tasse
125 ml	de farine de blé entier	1/2 tasse
125 ml	de farine de maïs	1/2 tasse
20 ml	de poudre à pâte	4 c. à thé
2 ml	de sel de mer	1/2 c. à thé
6	oeufs (les jaunes séparés des blancs)	6
30 ml	de dattes écrasées	2 c. à table

Mode de préparation:

1. Brasser énergiquement les jaunes d'oeufs. Ajouter le lait et le yogourt, bien brasser jusqu'à l'obtention d'une belle consistance.

2. Tamiser la farine de blé et de sarrasin, tamiser de nouveau avec la farine de maïs, la poudre à pâte et le sel.

3. Ajouter au mélange de yogourt.

4. Fouetter les blancs d'oeufs jusqu'à fermeté et incorporer.

5. Verser la pâte à crêpes par petites quantités à la fois dans
une poêle de fonte huilée et cuire.

6. Servir avec du fromage de chèvre à tartiner et garnir de noix hachées finement, ou de germe de blé.

CRÊPES AUX CAROTTES
(Cuisson: sur feu moyen)

Ingrédients:

375 ml	d'eau de source	1 1/2 tasse
125 ml	de lait	1/2 tasse
3	oeufs	3
15 ml	de germe de blé	1 c. à table
30 ml	d'huile pressée à froid	2 c. à table
125 ml	farine de blé entier (mou)	1/2 tasse
125 ml	farine de riz	1/2 tasse
125 ml	farine de sarrasin	1/2 tasse
125 ml	de carottes crues râpées très finement	1/2 tasse
ou 125 ml	d'épinards cuits	1/2 tasse

Mode de préparation:

1. Mettre au mélangeur, l'eau, le lait, les oeufs, l'huile et les carottes et battre.

2. Ajouter une farine à la fois, ensuite les carottes et le germe de blé.

3. Déposer un soupçon d'huile dans une poêle de fonte et y verser 1/3 tasse de pâte.

4. Cuire des deux côtés sur feu moyen.

Craquelins

CRAQUELINS DE LENTILLES GERMÉES
(Four: 250°F (120°C))

Ingrédients:

1,5 l	de lentilles germées moulues	6 tasses
1	carotte broyée	1
1	petit oignon émincé	1
80 ml	de levure alimentaire	1/3 tasse
60 ml	de sauce Tamari	1/4 tasse
45 ml	de ciboulette	3 c. à table
30 ml	de persil séché	2 c. à table
30 ml	de falafel	2 c. à table
5 ml	de poudre d'ail	1 c. à thé
5 ml	de basilic	1 c. à thé
250 ml	de graines de sésame germées moulues	1 tasse

Mode de préparation:

1. Bien mélanger tous les ingrédients et assaisonnements et étendre sur une plaque à biscuits, 1/4 de pouce d'épais environ.

2. Cuire environ 1/2 heure jusqu'à ce que croustillant.

CRAQUELINS À LA SEMOULE DE MAÏS
(Four: 350°F (180°C))

Ingrédients:

185 ml	de semoule de maïs	3/4 tasse
375 ml	de farine de blé mou entier	1 1/2 tasse
	sel marin	
45 ml	d'huile de sésame pressée à froid ou autre	3 c. à table
	Eau de source froide	

Mode de préparation:

1. Mélanger farine, semoule et sel.

2. Incorporer l'huile et sabler avec les doigts.

3. Ajouter assez d'eau pour faire une pâte souple et

humide.

4. Laisser reposer 2 heures, recouvrir d'un linge humide.

5. La semoule gonflera.

6. Saupoudrer une surface et étendre la pâte avec un rouleau.

7. Tailler avec des emporte-pièces de votre choix.

8. Cuire au four environ 15 minutes.

9. Très croustillants.

10. On peut aussi utiliser cette pâte pour un fond de pâte à tarte.

CRAQUELINS AU BLÉ ENTIER ET SÉSAME
(Four: 400°F (200°C))

Ingrédients:

430 ml	de farine de blé entier	1 3/4 tasse
60 ml	de graines de sésame moulues	1/4 tasse
2 ml	de sel marin	1/2 c. à thé
15 ml	de poudre à pâte	1 c. à table
60 ml	d'huile de sésame pressée à froid ou autre	1/4 tasse
160 ml	de lait entier	2/3 tasse

Mode de préparaqtion:

1. Mélanger les ingrédients secs.

2. Incorporer l'huile et le lait.

3. Mélanger jusqu'à ce que la pâte forme une boule.

4. Abaisser la pâte à 3 mm (1/8") d'épaisseur.

5. Découper les craquelins avec des emporte-pièces.

6. Déposer sur une plaque à biscuits et cuire 6 minutes de chaque côté.

CRAQUELINS AU RIZ SAUVAGE ET BASILIC
(Four: 350°F (180°C))

Ingrédients:

250 ml	de farine de blé entier à pâtisserie ou blé mou	1 tasse
125 ml	de farine de riz sauvage ou autres farines de riz nature	1/2 tasse
125 ml	de farine de maïs	1/2 tasse
60 ml	d'huile de carthame pressée à froid	1/4 tasse
5 ml	de basilic	1 c. à thé
	pincée de sel marin	
125 ml	de lait de vache ou de chèvre	1/2 tasse

Mode de préparation:

1. Dans un bol en pyrex ou en acier inoxydable, bien mélanger les farines, le basilic et le sel.

2. Ajouter l'huile et du bout des doigts travailler le mélange.

3. Vider le lait dans la préparation et bien mélanger.

4. Abaisser la pâte au rouleau et tailler les craquelins avec des emporte-pièces.

5. Déposer sur une plaque à biscuits et cuire de 5 à 8 minutes.

CRAQUELINS AU SARRASIN ET POIVRE ROUGE
(Four 350°F (180°C))

Ingrédients:

375 ml	de farine de blé entier à pâtisserie fraîchement moulue	1 1/2 tasse
125 ml	de farine entière de sarrasin fraîchement moulue	1/2 tasse
80 ml	d'huile de sésame pressée à froid	1/3 tasse

30 ml	de germe de blé	2 c. à table
125 ml	de lait	1/2 tasse
2 ml	de poivre rouge ou cayenne	1/2 c. à thé
2 ml	de sel marin	1/2 c. à thé

Mode de préparation:

1. Dans un bol en acier inoxydable ou en verre, bien mélanger les farines, le germe de blé, le sel et le poivre rouge.

2. Incorporer l'huile avec une cuillère de bois ou le bout des doigts.

3. Ajouter le lait et bien mélanger.

4. a) Abaisser la pâte au rouleau à 1/8" d'épaisseur et tailler avec des emporte-pièces.
   b) Déposer sur une plaque à biscuits.

5. Cuire de 5 à 8 minutes.

6. Délicieux avec une soupe et du fromage de chèvre cru.

Pâte à tarte & grands-pères

PÂTE À TARTE SANS GRAS AJOUTÉ
GARNIE DE POMMES ET FROMAGE
(Four: 375°F (190°C))

Ingrédients:

250ml	noix d'acajou ou amades trempées la veille	1 tasse
125 ml	eau de source	1/2 tasse
250 ml	farine de maïs ou de millet	1 tasse
5 ml	graines de lin moulues	1 c. à thé
	une pincée de sel marin	

Garniture: 3 à 4 pommes

60 ml	raisins secs	1/4 tasse
60 ml	fromage cheddar râpé	1/4 tasse
	cannelle	

Mode de préparation:

1. Au mélangeur, liquéfier les noix ou amandes, l'eau et le sel.

2. Verser dans un bol et incorporer les graines de lin moulues ainsi que la farine en battant fermement.

3. Mettre la pâte en boule et pétrir peu et doucement.

4. L'étaler dans l'assiette à tarte. Piquer avec une fourchette.

5. Couper en tranches très minces, les pommes et les étaler dans le fond de tarte.

6. Parsemer de raisins secs.

7. Saupoudrer d'une pincée de cannelle et cuire au four pendant 10 minutes.

8. Sortir du four, étendre le fromage râpé.

9. Cuire à nouveau pendant 10 autres minutes environ.

10. Très agréable à savourer.

PÂTE À TARTE AUX AMANDES

Ingrédients:

375	d'amandes trempées	1 1/2 tasse
60 ml	de figues séchées	1/4 tasse
60 ml	de noix de coco	1/4 tasse
60 ml	de germe de blé	1/4 tasse

Mode de préparation:

1. Faire tremper les amandes et les figues la veille.

2. Moudre les amandes et y ajouter les figues hachées finements.

3. Incorporer la noix de coco et le germe de blé; bien mélanger.

4. Modifier la consistance à volonté avec le germe de blé si le mélange est épais ou trop liquide.

5. Garnir le fond de tarte d'une crème pâtissière (voir recette).

PÂTE BRISÉE

Ingrédients:

375 ml	de farine de blé entier à pâtisserie	1 1/2 tasse
125 ml	de beurre non salé	1/2 tasse
105 ml	d'eau de source froide	3 1/2 onces
2 ml	de sel marin	1/2 c. à thé

Mode de préparation:

1. Mélanger la farine et le beurre.

2. Lorsqu'on obtient un mélange d'apparence de sable; mettre en fontaine.

3. Ajouter au centre l'eau et le sel.

4. Former la pâte sans pétrir.

5. Écraser la pâte avec la paume de la main en poussant devant soi.

6. La réunir en boule.

7. Réfrigérer quelques heures avant de l'utiliser.

PÂTE À TARTE EXPRESS
(Four 350°F (180°C))

Ingrédients:

250 ml	de farine de blé entier mou	1 tasse
1 ml	de sel de mer	1/4 c. à thé
60 ml	d'huile pressée à froid	1/4 tasse
45 ml	d'eau de source	3 c. à table

Mode de préparation:

1. Verser la farine et le sel dans l'assiette à tarte et mélanger.

2. Incorporer l'huile et ajouter l'eau. Bien mélanger et étaler avec les doigts.

GRANDS-PÈRES CANADIENS

Ingrédients:

250 ml	de farine de blé entier mou	1 tasse
5 ml	de poudre à pâte	1 c. à thé
2 ml	de sel de mer	1/2 c. à thé
125 ml	de lait	1/2 tasse
2	oeufs	2

Mode de préparation:

1. Mettre ensemble les ingrédients secs.

2. Ajouter le lait et détremper.

3. Joindre les oeufs.

4. Déposer par c. à table dans une sauce à la viande (poulet ou lapin en sauce).

5. Laisser cuire 20 minutes.

Pain

PAIN AUX 3 FARINES
(Four: 150°F(70°C) — 200°F (100°C) — 350°F (180°C))

Ingrédients: A: Levain:

250 ml	de farine de blé entier dur, fraî-chement moulue si possible	1 tasse
250 ml	d'eau de source, tiède	1 tasse

Mode de préparation:

1. Brasser avec une cuillère de bois pour rendre le mélange homogène.

2. Laisser fermenter toute une nuit au-dessus du réfrigérateur ou dans le four avec seulement la lumière allumée.

3. Recouvrir le mélange.

Ingrédients: B: Pain:

750 ml	de liquide avec le levain (levain plus 1 tasse (250 ml) d'eau de source tiède)	2 1/2 tasses
500 ml	de farine de blé dur entier	2 tasses
250 ml	de farine de maïs entier	1 tasse
250 ml	de farine de millet entier TOUTES farines fraîchement moulues si possible	1 tasse
60 ml	d'huile pressée à froid	1/4 tasse

Mode de préparation:

1. Même que pour le pain maison au Levain N° 1.

PAIN MAISON AU LEVAIN N°1
(Four: 150°F(70°C) — 200°F (100°C) — 350°F (180°C))

Ingrédients: A: Levain:

250 ml	de farine de blé entier dur, fraî-chement moulue si possible	1 tasse

| 250 ml | d'eau de source, tiède | 1 tasse |

Mode de préparation:

1. Brasser avec une cuillère de bois pour rendre le mélange homogène.
2. Laisser fermenter toute une nuit au-dessus du réfrigérateur.
3. Recouvrir le mélange.

Ingrédients: B: Pain:

625 ml	de liquide avec le levain (levain plus 1 tasse d'eau de source tiède)	2 1/2 tasses
1000 ml à 1125 ml	de farine de blé dur fraîchement moulue si possible	4 à 4 1/2 tasses
2 ml	de sel marin	1/2 c. à thé
60 ml	d'huile pressée à froid	1/4 tasse

Mode de préparation:

* Mettre le four à 150°F (70°C)

N.B.: Plus la farine est fraîchement moulue; plus la pâte lèvera.

1. Dans un plat en acier inoxydable ou de terre cuite, déposer la farine et le sel, former une fontaine au centre.
2. Ajouter le levain et l'eau.
3. Avec une cuillère de bois, bien mélanger les ingrédients secs et mouillés.
4. Se huiler les mains ainsi qu'une surface propre.
5. Déposer la pâte sur cette surface huilée et pétrir la pâte pendant 15 minutes.
6. Huiler et enfariner deux plats à plain en acier inoxyda ble ou en pyrex.
7. Séparer la pâte en deux et la déposer dans les plats.

8. Ouvrir la lumière du four

9. Huiler un peu la surface de la pâte et déposer les plats sur le grillage du four pour laisser lever la pâte de 6 à 8 heures; c'est-à-dire laisser doubler la pâte.

10. Lorsque la pâte est levée au double, monter la chaleur du four à 200°F (100°C) pendant 10 minutes, ensuite à 350°F (180°C) pendant environ 40 minutes.

11. Déposer un petit plat d'eau dans le four au début de la cuisson (environ 1 tasse; c'est pour garder plus d'humidité à l'intérieur du four, par exemple dans un plat en poterie), avant de mettre les plats à pain dans le four.

12. Lorsque les pains sont cuits, sortir les plats et les déposer sur un grillage.

13. Badigeonner les pains avec de l'eau froide.

14. Voir pain au levain N° 2 pour la conservation.

PAIN AU LEVAIN N° 2
(Four: 150°F (70°C) — 200°F (100°C) — 350°F (180°C))

Ingrédients:

375 ml	d'eau chaude	1 1/2 tasse
5 ml	de sel marin	1 c. à thé
45 ml	de levure alimentaire (enge-vita, torula ou de bière)	3 c. à table
45 ml	de lait en poudre	3 c. à table
1 ml	de levure instaferm	1/4 c. à thé
60 ml	d'huile pressée à froid	1/4 tasse
1000 ml	de farine de blé dur (fraîchement moulue si possible)	4 tasses

Mode de préparation:

1. Mettre le four à 150°F (70°C).

2. Dissoudre le sel dans l'eau chaude et ajouter 2 c. à

table d'huile, la levure alimentaire, la poudre de lait et la levure instaferm.

3. Ensuite y ajouter 500 ml (2 tasses) de farine de blé dur.

4. Laisser imbiber.

5. Bien mélanger.

6. Ajouter doucement 500 ml (2 tasses) de farine de blé dur jusqu'à ce que la masse décolle.

7. Pétrir 20 minutes en ayant soin de bien se huiler les mains et la surface de travail.

8. Lui donner sa forme et déposer la pâte dans deux plats enfarinés en acier inoxydable.

9. Allumer la lumière du four.

10. Déposer la pâte au four dans des plats en acier inoxydable et laisser la pâte lever environ 8 heures, ou jusqu'à ce que la pâte ait doublé.

11. Déposer à l'intérieur du four un petit plat d'eau qui va au four (afin de garder plus humide l'intérieur du four).

12. Pour cuire la pâte, réchauffer le four à 200°F (100°C) pendant 10 minutes et ensuite à 350°F (180°C) environ 40 minutes.

13. Après la cuisson, sortir les pains des plats et les déposer sur un grillage.

14. Badigeonner toutes les surfaces des pains avec de l'eau froide.

15. Attendre quelques heures avant de déguster le pain.

16. Pour conservation: Envelopper le pain dans du papier ciré et le déposer ensuite dans un sac de papier brun.

17. Garder au congélateur.

PAIN AUX BANANES
(Four: 350°F (180°C))

Ingrédients:

125 ml	de beurre ou huile pressée à froid	1/2 tasse
2	oeufs entiers	2
5 ml	de vanille	1 c. à thé
560 ml	de farine de blé entier	2 1/4 tasses
2 ml	sel de mer	1/2 c. à thé
2 ml	de soda à pâte	1/2 c. à thé
12 ml	de poudre à pâte	2 1/2 c. à thé
60 ml	de lait de beurre ou lait ou yogourt	1/4 tasse
240 ml	de pulpe de banane	1 tasse
125 ml	de noix hachées	1/2 tasse

Mode de préparation:

1. Crémer le beurre avec les oeufs, (un à la fois), ajouter la vanille, le lait de beurre et la pulpe de banane.

2. Mettre ensemble la farine, la poudre à pâte, le soda à pâte et le sel de mer; mélanger.

3. Incorporer les ingrédients secs aux ingrédients crémeux.

4. Bien mélanger et ajouter les noix.

5. Déposer dans un moule huilé et enfariné.

6. Cuire pendant 1 heure.

PAIN AUX BANANES ET TOFU
(Four: 325°F (160°C))

Ingrédients:

2	bananes bien écrasées	2
250 g	de tofu brisé	250 g
125 ml	d'huile pressée à froid	1/2 tasse
60 ml	de germe de blé	1/4 tasse

45 ml	de lait	3 c. à table
2 ml	de sel	1/2 c. à thé
5 ml	de vanille	1 c. à thé
300 ml	de noix de coco râpée	1 1/4 tasse
375 ml	de farine de blé entier	1 1/2 tasse
10 ml	de poudre à pâte	2 c. à thé

Mode de préparation:

1. Mélanger les 8 premiers ingrédients.

2. Ajouter la farine, la poudre à pâte et bien brasser.

3. Mettre dans un moule graissé et enfariné.

4. Cuire 1 heure environ.

PAIN AUX DATTES ENTIÈRES ET NOIX DE GRENOBLE (Four: 350°F (180°C))

Ingrédients:

250 ml	farine de blé entier à pâtisserie	1 tasse
5 ml	de poudre à pâte	1 c. à thé
5 ml	de cannelle	1 c. à thé
80 ml	d'huile pressée à froid	1/3 tasse
60 ml	d'eau de trempage des dattes	1/4 tasse
4	oeufs	4
500 ml	de noix de Grenoble entières	2 tasses
375 ml	de dattes entières trempées	1 1/2 tasse

Mode de préparation:

1. Faire tremper au préalable les dattes dans une tasse d'eau de source (environ 2 heures).

2. Tamiser la farine, la poudre à pâte et la cannelle.

3. Battre l'huile, l'eau de trempage des dattes et les oeufs.

4. Incorporer les ingrédients secs aux ingrédients liquides. Ajouter les noix et les dattes.

5. Bien mélanger.

6. Presser dans un moule à pain tapissé de trois épaisseurs de papier ciré.

7. Cuire pendant 40 minutes ou jusqu'à ce qu'un cure-dent inséré dans le pain en ressorte propre.

PAIN DE FANTAISIE AUX PACANES
(Four: 350°F (180°C))

Ingrédients:

480 ml	de pacanes hachées	2 tasses
240 ml	de tomates en boîte dans leur jus	1 tasse
1 ou 2	oignons émincés	1 ou 2
240 ml	de flocons de blé entier ou avoine	1 tasse
30 ml	d'huile pressée à froid	2 c. à table
80 ml	de lait ou yogourt	1/4 tasse
3 ml	de sel de mer	3/4 c. à thé
2 ml	de sauge	1/2 c. à thé
5 ml	de flocons de persil	1 c. à thé

Mode de préparation:

1. Mélanger tous les ingrédients dans l'ordre donné en travaillant à la cuillère de bois.

2. Verser le mélange dans un plat à gratiner et badigeonner le dessus d'huile à l'aide d'un pinceau à pâtisserie.

3. Cuire au four découvert de 35 à 40 minutes.

4. Servir avec une sauce brune ou béchamel à la ciboulette.

SAUCE BRUNE
(Cuisson sur feu)

Ingrédients:

30 ml	d'huile	2 c. à table
30 ml	de farine de blé entier	2 c. à table

250 ml	d'eau ou de bouillon de légume	1 tasse
22 ml	de sauce tamari ou de miso	1 1/2 c. à thé
15 ml	de ciboulette	1 c. à table

Mode de préparation:

1. Mélanger l'huile et la farine et faire brunir.
2. Ajouter graduellement l'eau, la sauce tamari et la ciboulette.

PAIN D'ABRICOTS, RAISINS ET DE NOIX
(Four: 350°F (180°C))

Ingrédients:

560 ml	de farine de blé entier à pâtisserie	2 1/4 tasses
60 ml	d'huile pressée à froid	1/4 tasse
5 ml	de vanille	1 c. à thé
125 ml	de raisins secs	1/2 tasse
125 ml	d'abricots séchés ou hachés	1/2 tasse
425 ml	d'eau bouillante	1 3/4 tasse
7 ml	poudre à pâte	1 1/2 c. à thé
2 ml	de sel de mer	1/2 c. à thé
1	oeuf battu	1
250 ml	de noix hachées	1 tasse

Mode de préparation:

1. Verser l'eau bouillante sur les raisins et les abricots. Laisser tiédir.

2. Dans un autre bol, mettre la farine, le sel et la poudre à pâte et mélanger.

3. Ajouter le mélange de l'oeuf battu et de la vanille à l'eau bouillante avec les raisins et les abricots.

4. Ajouter les ingrédients secs et les noix en une seule opération dans les raisins et les abricots et l'eau.

5. Remuer juste assez pour humidifier les ingrédients secs.

6. Verser la pâte dans un moule à pain de 9" X 15" huilé et enfariné.

7. Cuire pendant 60 minutes environ.

PAIN D'AMANDES ET DE FIGUES
(Four: 350°F (180°C))

Ingrédients:

800 ml	de farine de blé entier	3 1/4 tasses
5 ml	de soda à pâte	1 c. à thé
10 ml	de poudre à pâte	2 c. à thé
500 ml	de yogourt nature battu	2 tasses
250 ml	de figues hachées finement	1 tasse
125 ml	d'amandes en morceaux	1/2 tasse
30 ml	de zeste d'orange râpé	2 c. à table

Mode de préparation:

1. Mélanger la farine, le soda et la poudre à pâte, ajouter le yogourt nature, les figues, les amandes et le zeste des oranges.

2. Verser le mélange dans un moule graissé et cuire pendant 30 à 40 minutes.

3. Laisser refroidir et servir.

PAIN PITA
(Cuisson: sur feu très fort)

Ingrédients:

N.B. Même pâte que le pain maison au levain N° 1; alors ajouter 1/4 c. à thé (1 ml) de levure instaferm dans la farine. Ou même pâte que le pain maison N° 2 et pétrissage en même temps.

* Mettre le four à 150°F (70°C)

Mode de préparation:

1. Huiler et enfariner des assiettes à tartes ou des assiettes à pizza.

2. Huiler ses mains et la surface de travail.

3. Prendre les boules de pâte de la grosseur d'une balle de tennis, déposer la main sur la boule et en appuyant faire des mouvements circulaires. On obtient ainsi une forme de toupie.

4. Tourner le bout pointu de la toupie en haut et avec la paume de la main applatir la pâte tout le tour à 1/4 de pouce (1 cm) d'épaisseur en formant un cercle. Déposer dans les assiettes.

5. Éteindre le four et laisser lever 1 heure environ, avec la lumière du four seulement.

6. Prendre une poêle de fonte pour la cuisson. Chauffer très fort la poêle.

7. Y déposer la pâte à pita et la tourner d'un bord et de l'autre de façon répétée jusqu'à ce qu'elle gonfle.

8. Laisser refroidir sur un grillage.

9. Attendre quelques heures avant de déguster.

10. Conservé dans du papier ciré et des sacs de papier brun au congélateur.

11. Utilisation: Couper la pita tout le long du cercle en laissant une partie de quelques cm reliée (P.S. pour les grandes pitas, il faut couper dans le milieu, et pour les petites, il faut couper sur le bord.)

Farcir à votre goût!

Exemple: Salade, avec fromage, oeufs coupés en rondelles et mayonnaise maison ou farce de tofu.

Salades

SALADE D'ÉTÉ AUX NOIX DE PINS

Ingrédients:

250 ml	de pois frais	1 tasse
250 ml	de fèves vertes cuites et coupées en morceaux	1 tasse
250 ml	de carottes coupées en rondelles et attendries à la vapeur	1 tasse
250 ml	de pommes de terre cuites, refroidies, coupées en dés	1 tasse
180 ml	de céleri coupé en dés	3/4 tasse
60 ml	de persil haché	1/4 tasse
1/2	poivron rouge en lamelles	1/2
15 ml	de petits oignons avec queues émincés	1 c. à table
125 ml	de noix de pins ou d'arachides	1/2 tasse
125 ml	de yogourt	1/2 tasse
80 ml	de mayonnaise aux fines herbes	1/3 tasse
5 ml	de sel marin	1 c. à thé
15 ml	de jus de citron	1c. à table

Mode de préparation:

1. Dans un grand bol à salade, mélanger tous les légumes.

2. Mélanger le yogourt, la mayonnaise et le sel.

3. Y ajouter les légumes et brasser.

4. Étaler les noix de pins sur le dessus du mélange.

5. Refroidir.

SALADE DE FEUILLES DE PISSENLIT

Ingrédients:

N.B.: Ceuillier les jeunes feuilles avant que la fleur n'apparaisse. Les cueillir surtout dans un endroit sauvage où vous êtes sur qu'il n'y a pas eu d'épandage chimique quelconque.

— Plusieurs feuilles de pissenlit.
— Huile pressée à froid (soya).
— Citron.
— Okara.

Mode de préparation:

1. Bien laver les feuilles et les égoutter.

2. Arroser d'huile et d'un peu de citron.

3. Parsemer de 2 c. à table (30 ml) d'okara.

MARIAGE DE SALADE VERTE

Ingrédients:

2	feuilles de salade de Boston	2
2	feuilles de chicorée	2
2	feuilles de salade romaine	2
2	feuilles de salade frisée	2
2	feuilles de salade chinoise	2
1/2	concombre râpé	1/2
2 ml	de romarin en poudre	1/2 c. à thé
20-50 ml	d'huile de carthame pressée à froid de première pression	1/8 à 1/4 c. à thé
5 ml	de jus de citron frais	1 c. à thé
	sel marin au goût	

Mode de préparation:

N.B.: Bien laver les salades et égoutter.

1. Couper les feuilles de salades grossièrement et déposer dans un bol à salade; mélanger.

2. Ajouter le concombre râpé, l'huile et le jus de citron.

3. Assaisonner de romarin et de sel.

4. Manger immédiatement.

SALADE ENNEIGÉE

Ingrédients:

1	petite salade de Boston	1
125 ml	d'algue aramé trempée dans de l'eau de source	1/2 tasse
30 ml	de yogourt nature maison	2 c. à table
45 ml	de fromage cottage	3 c. à table
5 ml	de graines de sésame moulues	1 c. à thé
1 ml	de cayenne	1/4 c. à thé

Mode de préparation:

1. Bien laver la salade, l'égoutter.

2. Défaire en morceaux avec les mains.

3. Ajouter les algues, le yogourt et le fromage.

4. Saupoudre la poudre de sésame et de cayenne sur les feuilles.

5. Bien mélanger et servir tout de suite.

SALADE CONTRASTANTE

Ingrédients:

250 ml	de riz entier cuit refroidi (voir cuisson du riz)	1 tasse
250 ml	d'épinards crus coupés finement	1 tasse
125 ml	de concombre cru coupé finement	1/2 tasse
60 ml	de graines de citrouille	1/4 tasse
60 ml	d'huile de sésame pressée à froid de première pression	1/4 tasse
2 ml	de basilic	1/2 c. à thé
15 ml	de jus de citron frais	1 c. à table
2 ml	de paprika	1/2 c. à thé
	sel marin au goût	

Mode de préparation:

N.B.: Bien laver les épinards et égoutter.

1. Mettre ensemble les quatre premiers ingrédients.
2. Ajouter l'huile et le citron.
3. Assaisonner de basilic, paprika et sel.
4. Servir et manger immédiatement.

SALADE DE BOULGOUR AU PERSIL

Ingrédients:

250 ml	de boulgour cuit (voir cuisson du boulgour)	1 tasse
180 ml	de persil frais coupé finement	3/4 tasse
7-8	olives de votre choix	7-8
1-2 ml	de moutarde de Dijon	1/4 à 1/2 c. à thé
1	tomate coupée en huitièmes	1
60 ml	d'huile d'olive pressée à froid de première pression	1/4 tasse
15 ml	de vinaigre de cidre de pomme	1 c. à table
1	petite gousse d'ail coupée finement	1

Mode de préparation:

N.B.: Bien laver le persil et égoutter.

1. Mélanger les 5 premiers ingrédients.
2. Ajouter l'huile, le vinaigre de cidre et la moutarde de Dijon.
3. Servir immédiatement et savourer.

SALADE DE CRESSON ET MILLET

Ingrédients:

125 ml	de millet cuit (voir cuisson du millet)	1/2 tasse
250 ml	de feuilles de cresson crues	1 tasse
125 ml	de luzerne germée (voir germination des graines)	1/2 tasse
125 ml	de tomates coupées en huitièmes	1/2 tasse
2 ml	de thym	1/2 c. à thé
2 ml	de sel d'oignon	1/2 c. à thé
60 ml	d'huile de tournesol pressée à froide première pression	1/4 tasse
10 ml	de jus de citron frais moutarde de Dijon au goût	2 c. à thé

Mode de préparation:

N.B.: Bien laver le cresson et égoutter.

1. Rassembler et mélanger les 4 premiers ingrédients.

2. Incorporer l'huile, le jus de citron et la moutarde de Dijon.

3. Ajouter les assaisonnements (thym, sel d'oignon).

4. Servir!

SALADE "PEP UP"
(Pas de cuisson)

Ingrédients:

10	têtes de chou-fleur cru	10
2	carottes râpées	2
60 ml	d'algues aramé trempées et drainées	1/4 tasse
15 ml	de levure engevita	1 c. à table
15 ml	de lécithine en granules	1 c. à table
15 ml	d'agar-agar	1 c. à table
60 ml	d'huile de tournesol presée à froid de première pression	1/4 tasse

10 ml	de jus de citron	2 c. à thé
60 ml	de yogourt	1/4 tasse
5 ml	de sauce tamari	1 c. à thé

Mode de préparation:

1. Mettre à tremper les algues aramé, et couper finement les têtes de chou-fleur cru.

2. Râper les carottes.

3. Ajouter tous les autres ingrédients.

4. Drainer les algues et les ajouter au mélange.

5. Délicieux comme entrée de crudité!

SALADE D'ÉPINARDS AUX OEUFS ET AVELINES

Ingrédients:

454 gr	d'épinards frais, lavés et bien asséchés	1 livre
2	oeufs cuits dur hachés	2
180 ml	de yogourt	3/4 tasse
2 ml	de sel marin	1/2 c. à thé
10	avelines coupées en quart	10
30 ml	de mayonnaise	2 c. à table
	laitue fraîche et croustillante	

Mode de préparation:

1. Couper grossièrement les épinards.

2. Mélanger le sel et les oeufs à 1/4 de tasse de yogourt et à la mayonnaise.

3. Au moment de servir, ajouter les épinards.

4. Servir sur un nid de laitue.

5. Ajouter le reste du yogourt sur la laitue.

6. Décorer de quarts d'avelines.

Soupes

SOUPE ARGENTÉE
(cuisson: sur feu doux)

Ingrédients:

125 ml	d'orge entier mondé	1/2 tasse
1	gros oignon haché	1
2	feuilles de laurier	2
1 l	d'eau de source	4 tasses
2 ml	de sel marin	1/2 c. à thé
15 ml	de tamari	1 c. à table
15 ml	de Miso	1 c. à table
1	branche de célerie haché	1
15 ml	de ciboulette fraîche	1 c. à table
5 ml par portion	d'huile de carthame ou de tournesol pressée à froid de première pression	1 c. à thé par portion

Mode de préparation:

1. Se servir d'une marmite qui garde bien sa chaleur.

2. Amener l'eau à ébullition et y incorporer l'orge, le sel, les feuilles de laurier et l'oignon.

3. Mettre la chaleur au minimum.

4. Laisser mijoter 2 heures.

5. Lorsque les grains sont tendres, ajouter: le tamari, le Miso et le céleri. Cuire 5 minutes et retirer du feu.

6. Ajouter la ciboulette.

7. Verser dans les bols à soupe, ajouter 1 c. à thé d'huile dans chaque bol.

8. Délicieux avec des croutons garnis de fromage de chèvre crémeux à la ciboulette ou nature.

SOUPE AUX POIREAUX
(Cuisson: sur feu)

Ingrédients:

2	poireaux moyens bien lavés et tranchés	2

1500 ml	d'eau de source	6 tasses
2	carottes en rondelles	2
1	petit navet râpé	1
15 ml	de base de bouillon de légumes	1 c. à table
	huile d'olive pressée à froid de première pression.	

Mode de préparation:

1. Porter l'eau à ébullition.

2. Déposer tous les autres ingrédients dans l'eau, excepté l'huile.

3. Fermer le feu immédiatement, couvrir la casserole et laisser frémir.

4. Servir dans les bols à soupe et ajouter à chacun 1 c. à thé d'huile d'olive.

5. Manger avec des craquelins.

POTAGE DU CHEF CUISINIER SAMUEL

Ingrédients:

1	branche de céleri	1
	persil frais	
750 à 1000 ml	de bouillon de poulet	3 à 4 tasses
1	poireau bien lavé	1

Mode de préparation:

1. Bien laver les légumes.

2. Couper le persil, le céleri et le poireau.

3. Amener le bouillon à ébullition.

4. Ajouter les légumes.

5. Et fermer tout de suite le feu.

6. Passer au mélangeur et servir chaud; garnir de persil frais.

SOUPE NUTRITIVE
(Cuisson sur feu doux; Rendement: 3 portions)

Ingrédients:

3	pommes de terre avec la pelure	3
3	gros oignons	2
180 ml	de pois chiches	3/4 tasse
1	branche de céleri haché	1
3	grosses carottes en rondelles	3
45 ml	d'huile de sésame pressée à froid ou d'huile d'arachide pressée à froid	3 c. à table
4	gousses d'ail pilées	4
2 ml	de safran	1/2 c. à thé
2 ml	de sel marin	1/2 c. à thé
2 ml	thym	1/2 c. à thé
3	feuilles de laurier	3
	persil frais	
1 l	d'eau de source bouillante	4 tasses
3	oeufs	3

Mode de préparation:

1. Faire tremper les pois chiches la veille.

2. Dorer l'oignon coupé en rondelles fines.

3. Verser l'eau bouillante, puis les pois chiches: laisser cuire 3 heures.

4. Lorsque les pois chiches sont presqu'à point; ajouter les pommes de terre coupées en rondelles, le sel, le thym, les feuilles de laurier, les rondelles de carottes et le céleri haché. Laisser mijoter 10 à 15 minutes.

6. Briser un oeuf par personne dans ce liquide et laisser cuire 5 minutes.

7. Servir et déguster!

CRÈME DE CITROUILLES ET CAROTTES
(Cuisson: sur feu moyen)

Ingrédients:

1 l	de chair "pulpe" de citrouille cuite (purée): voir ci-dessous la technique de cuisson des petites citrouilles et des grosses citrouilles.*	4 tasses
1 l	de bouillon de poulet (ou à votre goût)	4 tasses
2 ml	de muscade	1/2 c. à thé
2	feuilles de laurier	2
60 ml	de beurre non salé	1/4 tasse
1	gros oignon grossièrement haché	1
3	carottes moyennes	3
15 ml	de jus de citron frais	1 c. à table
2 ml	de sel de mer	1/2 c. à thé
30 ml	de levure alimentaire (Engevita, ou Torula ou de bière) crème ou lait si désiré	2 c. à table

Mode de préparation:

1. Amener à ébulition dans une poêle en fonte: la chair de citrouille, le sel, les carottes, la muscade, le bouillon et les feuilles de laurier.

2. En attendant: faire fondre le beurre à feu doux et y faire dorer l'oignon.

3. Mettre le tout dans un mélangeur avec le jus de citron et la levure alimentaire, mais enlever avant les feuilles de laurier du premier mélange.

P.S.: Cette soupe aura un goût plus velouté si on la garde pendant quelques heures ou 1 jour au refrigérateur. Et au moment de servir y ajouter si désiré la crème ou le lait. Très agréable avec du pain maison!

N.B.: *POUR LA CUISSON DES PETITES CITROUILLES
On peut ramollir leur chair à la vapeur. Je suggère cependant de les cuire au four environ 60 minutes à 350°F (180°C). Toujours enlever les graines avant la cuisson.

N.B.: *POUR LA CUISSON DES GROSSES CITROUILLES
Couper par moitié dans le sens de la longueur et enlever les graines. Mettre au four dans un plat profond. Cuire à 350°F (180°C) pendant environ 90 minutes; ou jusqu'à ce que la citrouille s'affaisse.

POTAGE AU POULET ET BROCOLI
(Cuisson: feu moyen)

Ingrédients:

1500 ml	de bouillon de poulet	6 tasses
250 ml	de morceaux de poulet cuit	1 tasse
250 ml	de brocoli cuit	1 tasse
1	oignon	1

Mode de préparation:

1. Mijoter, dans le bouillon, pendant quelques minutes, le brocoli coupé en gros morceaux, ainsi que l'oignon.

2. Ajouter les morceaux de poulet.

3. Passer au mélangeur et réduire en purée très claire.

4. Délicieux accompagné de craquelins à la semoule de maïs et de luzerne germée.

SOUPE "SOURCE VIVE"
(Cuisson: feu doux; Rendement: 3 personnes)

Ingrédients:

500 ml	bouillon de légumes ou autre	2 tasses
125 ml	liquide ou jus de fermentation	1/2 tasse
3 à 4	morceaux de légumes lacto-fermentés	3 à 4
2 ml	Miso	1/2 c. à thé

	quelques gouttes de sauce tamari	
30 ml	yogourt nature	2 c. à table
1	carotte râpée	1

Mode de préparation:

1. Dans le bouillon de légume, introduire tous les ingrédients et laisser frémir de 2 à 3 minutes.

N.B.: C'est un mélange excellent pour la digestion et l'assimilation.

BOISSON DE YOGOURT TEINTÉE
(Cuisson: aucune)

Ingrédients:

125 ml	de yogourt	1/2 tasse
125 ml	de jus de tomate	1/2 tasse
	sel de mer, paprika	
15 ml	de flocons de persil ou persil frais	1 c. à table

Mode de préparation:

1. Mettre au mélangeur tous les ingrédients, exception faite du persil.

2. Refroidir et servir décoré de persil.

SAUCE YOGOURT ET DATTES
(Cuisson: aucune)

Ingrédients:

2	dattes écrasées (sans sucre ajouté)	2
15 ml	de jus de citron	1 c. à table
125 ml	de yogourt	1/2 tasse

Mode de préparation:

1. Liquéfier les dattes écrasées, le jus de citron et le yogourt dans un mélangeur électrique pour obtenir un mélange homogène.

SAUCE À L'AMANDE
(Cuisson: feu doux)

Ingrédients:

60 ml	de farine de blé entier mou	4 c. à table
60 ml	d'huile pressée à froid (sésame)	4 c. à table
500 ml	de lait	2 tasses
30 ml	de ciboulette ou persil	2 c. à table
1 ml	de sel	1/4 c. à thé
60 ml	d'amandes en poudre	1/4 tasse
125 ml	d'amandes hachées grossiè-rement	1/2 tasse
5 ml	de miso ou tamari	1 c. à thé

Mode de préparation:

1. Sur un feu doux, chauffer la poêle de fonte et y verser l'huile.

2. Retirer la poêle du feu et y ajouter la farine, bien mélanger avec une cuillère de bois.

3. Remettre la poêle sur le feu et y verser le lait en remuant constamment.

4. Ajouter le miso et le sel.

5. Laisser frémir jusqu'à épaississement.

6. Ajouter les amandes en poudre et brasser.

7. À la toute fin, incorporer la ciboulette et les amandes.

N.B.: Délicieux avec la banane plantain.

SAUCE MISO ET TAMARI

Ingrédients:

15 ml	de miso	1 c. à table
45 ml	de beurre de sésame (tahini)	3 c. à table
8 à 10	gouttes de sauce tamari	8 à 10
5 ml	d'écorce d'orange râpée	1 c. à thé
125 ml	d'eau de source	1/2 tasse

Mode de préparation:

1. Mijoter pendant quelques minutes, eau, miso, beurre de sésame et sauce tamari.

2. Retirer du feu et ajouter l'écorce d'orange.

3. Servir sur du riz, des légumes, du sarrasin, du vermicelle, des nouilles, etc.

N.B.: En ne mettant pas d'eau et sans cuisson, vous obtiendrez de la crème de miso pour tartiner vos craquelins.

Légumes

CUISSON DES ÉPIS DE MAÏS
(Four: 350°F (180°C))

Mode de préparation:

1. Mettre les épis en entier dans le four. Ne pas enlever l'enveloppe.

2. Cuire 30 minutes environ.

3. Ressortira très juteux et avec toute sa valeur nutritive.

TOMATES AU CHEDDAR CRU
(Rendement: 4 portions)

Ingrédients:

4	grosses tomates	4
1	petite branche de céleri haché finement	1
60 ml	de cheddar râpé	4 c. à table
1	oeuf dur haché finement	1
2	petits pots de yaourt nature sel de mer au goût	2
4	feuilles de laitue pour la décoration	4

Mode de préparation:

1. Laver les tomates et en découper le chapeau.

2. Retirer une partie de la chair en prenant soin de ne pas abîmer la peau et la réserver.

3. Saler ensuite l'intérieur des tomates et les laisser reposer une demi-heure.

4. Puis, les faire égoutter à l'envers sur du papier absorbant.

5. Préparer ensuite une farce en mélangeant la chair des tomates réservée, le céleri, le cheddar, l'oeuf et le yaourt.

6. Réfrigérer une ou deux heures.

7. Farcir les tomates de ce mélange et les servir sur feuilles de laitue.

COURGETTES FARCIES AUX TOMATES
(Four: 325°F (160°C; Rendement: 4 à 5 portions)

Ingrédients:

1 kg	de courgettes	2.2 livres
2-3	oignons	2-3
45 ml	de beurre	3 c. à table
2	gousses d'ail émincées	2
5 ml	d'aneth haché	1 c. à thé
2 ml	de menthe hachée	1/2 c. à thé
15 ml	de persil haché	1 c. à table
180 ml	de riz cuit	3/4 tasse
1 kg	de tomates bien mûres	2.2 livres
60 ml	de raisins secs	1/4 tasse
	une pincée de cannelle	
80 ml	d'eau	1/3 tasse
	sel, poivre au goût	

Mode de préparation:

1. Couper les courgettes en deux, dans le sens de la longueur, enlever la chair et la mettre de côté.

2. Hacher les oignons et les faire revenir dans le beurre, sans les laisser brunir pendant quelques minutes.

3. Ajouter l'ail, l'aneth, la menthe, le persil et le riz. Laisser cuire jusqu'à ce que le riz se colore légèrement et réserver.

4. Ébouillanter les tomates, les peler et enlever le nombril. Passer au tamis. Ajouter à la première préparation la moitié des tomates et une tasse de chair de courgettes coupées en petits cubes. Assaisonner de sel, poivre, raisins et cannelle.

5. Ajouter environ 1/3 tasse d'eau et faire cuire à feu doux

en brassant pendant 15 minutes. Retirer du feu et laisser refroidir. Farcir les courgettes, les placer dans un plat à gratin et les recouvrir du reste des tomates.

6. Faire cuire 1 heure dans un four à 325°F (160°C).

7. S'assurer que le dessus ne sèche pas en cours de cuisson et l'arroser au besoin de jus de cuisson.

BETTERAVES FARCIES
(Rendement: 3 portions)

Ingrédients:

4-5	betteraves	4-5
90 ml	de célerie haché finement ou râpé	6 c. à table
60 ml	de mayonnaise maison	4 c. à table
40 ml	d'amandes hachées	4 c. à table
250 ml	de cresson ou de chicorée frisée hachée	1 tasse

Mode de préparation:

1. Cuire les betteraves à l'eau.

2. Enlever la pelure et tailler les extrémités.

3. Creuser l'intérieur avec le couteau à enlever les coeurs de pommes afin d'obtenir les bâtonnets de betteraves.

4. Hacher le cresson et le mélanger avec la mayonnaise, les amandes et le céleri.

5. Farcir les betteraves.

6. Décorer avec le céleri et des tranches de citron.

7. Se dégustent bien accompagnées de craquelins et de petites sardines ou d'anchois.

PURÉE DE BANANES PLANTAIN

Ingrédients:

2 à 3	bananes plantain bien mûres	2 à 3
	eau de source	

Mode de préparation:

N.B.: La banane plantain doit être mise près d'une souce de chaleur pour bien mûrir. On se rend compte qu'elle est mûre lorsque son écorce est noircie et que la banane est molle.

1. Mettre l'eau à ébullition.

2. Peler les bananes et les déposer dans l'eau, couvrir la casserole.

3. Laisser cuire jusqu'à tendreté.

4. Jeter l'eau et piler les bananes en purée.

5. Accompagne bien un mets abondant en sauce.

6. Peut être mangée aussi avec une sauce aux amandes.

POMMES DE TERRE AU FOUR
(Cuisson: four 400°F (200°C))

Ingrédients:

1 à 2	pommes de terre par personne	1 à 2
60 ml	d'huile de carthame pressée à froid	
	1/4 tasse gros sel de mer	

Mode de préparation:

N.B.: Ne pas peler les pommes de terre; mais bien les brosser.

1. Trancher les pommes de terre à 1/2 cm (1/8 de pouce) d'épaisseur.

2. Enrober les tranches d'huile.

3. Appliquer du gros sel des deux côtés.

4. Déposer les tranches sur le grillage du four.

5. Cuire 20 minutes et tourner les tranches sur l'autre côté.

6. Continuer ensuite pour un autre 10 minutes ou jusqu'à ce que les tranches soient dorées des deux côtés.

7. Déguster!

N.B.: Nous pouvons procéder de la même manière pour les pommes de terre entières, cuisson une heure environ selon la grosseur de la pomme de terre.

Mayonnaises

MAYONNAISE DE TAMARI

Ingrédients:

250 ml	d'huile de tournesol pressée à froid de première pression	1 tasse
1	oeuf battu	1
1	princée de sel	1
30 ml	de persil haché	2 c. à table
30 ml	de sauce tamari (ou plus)	2 c. à table

Mode de préparation:

1. Dans le mélangeur, battre l'oeuf avec le sel.

2. Verser petit à petit l'huile sur l'oeuf battu et la sauce tamari.

3. Bien mélanger et ajouter le persil.

4. Agréable sur des légumes ou du poisson.

MAYONNAISE CROQUANTE
(Aucune cuisson)

Ingrédients:

3	oeufs	3
60 ml	de jus de citron	4 c. à table
2 ml	de moutarde sèche	1/2 c. à thé
5 ml	de sel de mer	1 c. à thé
500 ml	d'huile de tournesol ou de soya pressée à froid de première pression	2 tasses
60 ml	de purée de tomate	4 c. à table
1	petit oignon vert haché	1
125 ml	de céleri haché fin	1/2 tasse
2 ml	de paprika	1/2 c. à thé

Mode de préparation:

1. S'assurer que les oeufs et l'huile sont à la température de la pièce.

2. Mettre dans le mélangeur les 4 premiers ingrédients

plus 125 ml (1/2 tasse) d'huile. Battre à grande vitesse pendant 1 minute.

3. Continuer à battre en versant le reste de l'huile en filet.

4. À la fin, ajouter la purée de tomate; mélanger.

5. À la main, incorporer le céleri, l'oignon vert et le paprika.

N.B.: Peut aussi servir de trempette.

MAYONNAISE AUX FINES HERBES
(Aucune cuisson)

Ingrédients:

1	oeuf frais entier	1
1 ml	de moutarde sèche	1/4 c. à thé
2 ml	de sel marin	1/2 c. à thé
15 ml	de jus de citron	1 c. à table
250 ml	d'huile de tournesol pressée à froid de première pression	1 tasse
5 ml	de persil haché	1 c. à thé
15 ml	de ciboulette	1 c. à table
1 ml	de basilic	1/4 c. à thé
5 ml	de tahini ou beurre de sésame	1 c. à thé

Mode de préparation:

1. Casser l'oeuf dans le mélangeur.

2. Ajouter la moutarde et le sel et battre à pleine vitesse pendant 30 secondes.

3. Arrêter et ajouter le jus de citron.

4. Battre quelques secondes.

5. Soulever le couvercle et ajouter l'huile en la versant au centre et faire couler en mince filet. La mayonnaise épaissit après que l'on a ajouté 1/2 tasse d'huile.

6. À la fin, incorporer le tahini et les fines herbes.

MAYONNAISE À L'HUILE D'OLIVE
(Aucune cuisson)

Ingrédients:

2	jaunes d'oeufs	2
5 ml	de sel marin	1 c. à thé
2 ml	de moutarde sèche	1/2 c. à thé
15 ml	de jus de citron	1 c. à table
250 ml	d'huile d'olive pressée à froid de première pression	1 tasse
15 ml	d'eau de source bouillante	1 c. à table
5 ml	d'amandes hachées finement	1 c. à thé

Mode de préparation:

1. Mettre dans un bol de verre les oeufs, le sel, la moutarde sèche et le citron. Mélanger et laisser reposer environ 20 minutes.

2. Ajouter l'huile d'olive en battant fortement pour obtenir une belle pommade.

N.B.: Les premiers 50 ml (1/4 tasse d'huile doivent être versés sur le mélange en filet, car si l'huile est ajoutée trop vite, on risque de faire tourner la mayonnaise.

3. Ajouter l'eau bouillante et les amandes.

4. Prêt à utiliser!

TREMPETTE AUX NOIX DE GRENOBLE
(Aucune cuisson)

Ingrédients:

250 ml	de fromage cottage 2% ou du féta désalé	1 tasse
30 ml	de purée de tomate	2 c. à table
15 ml	de tahini ou beurre de sésame	1 c. à table
15 ml	d'huile de sésame pressée à froid de première pression	1 c. à table
125 ml	de lait de chèvre cru ou de lait de vache cru	1/2 tasse

250 ml	de noix de Grenoble	1 tasse
	1/2 pincée de cayenne	
5 ml	de paprika	1 c. à thé

Mode de préparation:

1. Si l'on utilise du féta, le tremper dans l'eau pour le désaler pendant 2 heures.

2. Battre au mélangeur tous les autres infrédients à vitesse réduite, ensuite à vitesse moyenne.

3. Ajouter graduellement le fromage et mélanger jusqu'à consistance crémeuse.

N.B.: Peut servir à tartiner des galettes de riz ou de trempettes.

LE RÉJUVELAC

Ingrédients:

250 ml	de blé mou germé (voir le cha-	1 tasse
	pitre de germination)	
750 ml	d'eau de source	3 tasses

Mode de préparation:

1. Dans un contenant en verre, déposer le blé germé et y verser l'eau de source.

2. Laisser fermenter pendant 36 heures à la température de la pièce (68°F).

3. Après 36 heures, bien égoutter et en boire 1 à 2 onces avant le repas. Se garde actif environ 7 jours au refrigérateur.

N.B.: Comme nous l'avons vu au chapitre des lacto-fermentations, excellente source de vitamines, surtout "B", d'enzymes et également riche en hydrates de carbone.

Ce liquide peut être ajouté à la fin de la cuisson d'une soupe.

Excellent traitement pour la peau.

LÉGUMES AU RÉJUVELAC
(Sans cuisson)

Ingrédients:

1 l	d'un mélange de légumes crus en gros morceaux	4 à 5 tasses
500 ml	de lentilles germées ou autres (mung, pois)	2 tasses
1,5 l	de réjuvelac	6 tasses
2	gousses d'ail émincées	2
60 ml	de jus de citron	1/4 tasse
60 à 80 ml	de sauce tamari	1/4 à 1/3 tasse
1	pincée de graines de céleri	1
1	pincée de graines de cumin	1
2 ml	de graines d'aneth	1 c. à thé
15 ml	de basilic	1 c. à table
1	pincée de thym	1

Mode de préparation:

1. Recouvrir les légumes et les germinations du jus de réjuvelac.

2. Ajouter les assaisonnements et mélanger.

3. Laisser tremper à la température de la pièce pendant 8 heures environ.

4. Garder au réfrigérateur et manger en temps voulu.

YOGOURT DOUX

1. Porter 2 litres de lait (cru ou pasteurisé, lait de vache ou de chèvre) à 150°F environ, lentement à feu doux.

2. Pendant que le lait chauffe, ajouter 3 c. à thé de gélatine en poudre, naturelle (Vogel) et mélanger jusqu'à dissolution de la poudre.

3. Laisser tiédir le lait à environ 108°F (42°C) puis verser dans la yogourtière (un bocal thermos dans lequel on

insère le contenant de 2 litres de lait, entouré d'eau chaude du robinet).

4. Enfin, déposer au fond, sans brasser, 3 bonnes c. à table de yogourt nature sans sucre (celui que vous avez fabriqué la fois précédente, votre culture de yogourt. Sinon n'importe quel yogourt nature sans sucre — Vérifier les étiquettes — sur le marché).

5. Après 3 heures, vérifier le goût de votre préparation, ensuite aux 1/2 heures au moins, jusqu'à l'obtention d'un goût très doux de yogourt et jusqu'à consistance légèrement gluante. (Ceci peut prendre 4 heures ou plus).

Remarques:

1. Dans la plupart des recettes de yogourt, on demande de porter le lait à 82°C (180°C) (gélatine comprise) pour ensuite le faire descendre à 43°C avant d'y ajouter la culture de yogourt. Tout cela dans le but d'éliminer certaines bactéries et un enzyme inhibiteur de la fermentation du yogourt.

   En éliminant cette étape, le lait cru conservera plus de valeur de vie et le calcium du lait ne sera pas cristallisé, même si on risque, quelques rares fois, que le lait ne se transforme pas en yogourt. À plus de 43°C, les bactéries de yogourt risquent de mourir.

2. La gélatine n'est pas nécessaire à la transformation du lait en yogourt. Elle donnera simplement au yogourt une consistance plus épaisse, sans compter qu'elle a une bonne valeur alimentaire.

3. Une yaourtière électrique n'est pas nécessaire. Pourvu que votre contenant soit entouré d'une chaleur plutôt constante. (Certaines personnes déposent leur contenant au four à la basse température appropriée). Si la température de la préparation est plus basse que prévue, le yogourt mettra simplement plus de temps à se constituer.

4. Les bactéries contenues dans vos 3 cuillerées de yogourt vont se multiplier jusqu'à transformer tout votre lait en un produit même assimilable par l'organisme d'un adulte. Les bactéries de yogourt vont contribuer à l'établissement d'une bonne flore intestinale, donc à une meilleure digestion des autres aliments.

5. Un yogourt n'est pas meilleur pour la santé s'il à un goût acide qui fait grimacer comme le font les yogourts nature sur le marché.

Si la préparation chauffe trop, elle tournera vite en yogourt, en moins de 3 heures, mais elle sera acide et le gras du lait risque même de se séparer en une eau jaunâtre à la surface. Mieux vaut plus lentement, mais obtenir un yogourt doux.

N'oubliez pas que, même au réfrigérateur, le yogourt continue à vieillir, à s'acidifier.

CHOU LACTO-FERMENTÉ
(La choucroute)

Procédé A:

1. Hacher le chou vert ou rouge, (cultivé organiquement) en fines lamelles.

2. À chaque couche de chou, ajouter du cumin, des baies de genièvre, des feuilles de laurier, des carottes et quelques tranches de pommes.

3. Les tasser fermement dans des bocaux de verre, comme des pots Masson, pots d'environ 1 litre.

4. Sur le haut du chou bien tassé, mettre 1 c. à table (15 ml) de sel marin et environ 1/2 tasse (125 ml) d'eau de source chaude. Fermer le contenant hermétiquement et le laisser à la température ambiante pendans 48 heures et ensuite ranger au frais entre 10° à 15°C.

5. Au cours des 4 semaines à venir, les bonnes bactéries

vont se développer. La choucroute est prête à manger. La servir avec de l'huile pressée à froid de première pression et des pommes de terre. Elle est plus nourrissante lorsque consommée crue.

6. Lorsque prête à consommer, ne pas la rincer afin de bien conserver les propriétés thérapeutiques de l'acide lactique et des bactéries.

Procédé B:

1. Couper le chou finement.

2. Tasser fermement les lamelles dans un pot de verre ou de terre, les recouvrir d'une feuille de chou et fermer hermétiquement.

3. Le chou fermente sans que l'on ait à ajouter de sel.

4. Les sucres du chou se transforment en acide lactique, ce qui empêche la putréfaction et favorise la fabrication de la vitamine C par les bacilles lactiques.

5. Mettre dans un endroit à 65°F. Pendant au moins 7 jours.

6. Ensuite déguster et conserver le reste au réfrigérateur.

VARIANTE DE LÉGUMES LACTO-FERMENTÉS

1. Râper et mélanger différentes variétés de légumes.

2. Les presser fortement dans un pot ou une jarre.

3. Les recouvrir de réjuvelac et fermer le pot.

4. Mettre au frais dans un endroit obscur.

5. Au bout de 7 à 8 jours, les légumes sont prêts à la consommation.

6. Enlever la moisissure, s'il y en a, et garder au réfrigérateur.

7. Retirer le réjuvelac pour le boire avant les repas.

Plats
de
résistance

TOMATES FARCIES AU TOFU
(Four: 400°F (200°C); Rendement: 6 portions)

Ingrédients:

12	tomates	12
1	gros oignons haché	1
30 ml	d'huile d'olive pressée à froid	2 c. à table
270 g	de chair à saucisse de tofu	9 oz
5 ml	de basilic	1 c. à thé
5 ml	de marjolaine	1 c. à thé
3	tranches de mie de pain	3
125 ml	de lait	1/2 tasse
	sel, poivre au goût, feuilles de laitue et olives noires pour décoration.	

Mode de préparation:

1. Former d'abord les "chapeaux" avec les tomates. Pour ce faire, couper la partie supérieure de la tomate en prenant soin de conserver la queue. Réserver. Vider ensuite les tomates en prenant soin de ne pas les abîmer. Couper la chair finement et réserver.

2. Saler l'intérieur des tomates et laisser reposer 1/2 heure. Puis laisser égoutter à l'envers sur un papier absorbant.

3. Préparer ensuite la farce comme suit: Faire revenir l'oignon dans l'huile sans le laisser brunir. Ajouter ensuite la chair de tomate réservée, la chair à saucisses de tofu, le basilic et la marjolaine. Laisser mijoter en brassant pendant 5 minutes et réserver.

4. Tremper la mie de pain dans le lait et la presser pour enlever l'excès de liquide.

5. Ajouter la mie à la farce et bien mélanger. Saler au goût.

6. Farcir les tomates de ce mélange puis les recouvrir de

chapeaux réservés et les mettre dans une casserole huilée.

7. Cuire au four à 400°F (200°C) pendant 1/2 heure.

HAMBURGER AU TOFU
(Rendement: 3 portions)

Ingrédients:

1/2	bloc de tofu	1/2
60 ml	de beurre d'arachide nature	1/4 tasse
15 ml	de levure engevita ou autre	1 c. à table
	sauce tamari au goût	
60 ml	de céleri haché finement	1/4 tasse
60 ml	de carottes ou navets râpés très finement	1/4 tasse
2 ml	de sauge	1/2 c. à thé
5 ml	de mayonnaise maison	1 c. à thé
60 ml	de noix de Grenoble hachées finement	1/4 tasse

Mode de préparation:

1. Mettre le tofu en purée avec les mains.

2. Ajouter un à un tous les autres ingrédients et former un mélange homogène.

3. Farcir un pain hamburger ou une pita faits au levain et sans sucre.

4. Accompagner d'un jus de tomate et d'un bâton de céleri.

5. Déguster!

CRÊPES FARCIES AU POULET

Ingrédients:

A - Crêpes: choisir une des recettes de crêpe.

B - Farce au poulet:

1	oignon émincé	1
1	carotte moyenne émincée	1
125 ml	brocoli émincé	1/2 tasse
1 l	bouillon de poulet	4 tasses
250 ml	morceaux de poulet	1 tasse
30 ml	d'huile pressée à froid	2 c. à table
2 ml	de thym	1/2 c. à thé
5 ml	sauce tamari (au goût)	1 c. à thé
15 ml	poudre de marante	1 c. à table

Mode de préparation:

1. Faire revenir l'oignon, la carotte et le brocoli émincé dans l'huile.

2. Ajouter tous les autres ingrédients excepté la poudre de marante.

3. Dissoudre la farine de marante dans un peu d'eau et, en brassant, l'ajouter à la préparation de poulet.

4. Mijoter quelques secondes et retirer du feu.

5. Déposer 1/2 à 3/4 de tasse de cette préparation sur une moitié de la surface d'une crêpe de 8 pouces.

6. Plier l'autre moitié de la crêpe sur la préparation.

7. Garder au chaud dans le four et servir avec les crudités.

PIZZA AUX NOIX DE PINS
(Cuire: 20 minutes environ; Four 425°F (220°C))

Ingrédients:

500 ml	de farine de blé entier à pâtisserie	2 tasses
10 ml	de poudre à pâte	2 c. à thé
2 ml	de sel de mer	1/2 c. à thé
60 ml	de graines de sésame	1/4 tasse
80 ml	huile pressée à froid	1/3 tasse
160 ml	de lait	2/3 tasse

Mode de préparation:

1. Mélanger les 4 premiers ingrédients, ajouter l'huile et bien mêler. Incorporer le lait.

2. Ensuite étendre avec les doigts dans une assiette à pizza de 12" de diamètre et une autre de 8" de diamètre.

SAUCE TOMATE À PIZZA
(Cuisson sur feu doux)

Ingrédients:

2	grosses gousses d'ail	2
250 ml	de carottes hachées	1 tasse
125 ml	de céleri haché	1/2 tasse
2	gros oignons émincés	2
5	tomates ou 500 ml (2 tasses) de purée maison ou 625 ml (2 1/2 tasses) de tomates en boîte	5
15 ml	de tamari	1 c. à table
125 ml	de graines de tournesol moulues	1/2 tasse
	sel de mer, thym, basilic	
15 ml	de levure alimentaire (engevita, torula ou de bière)	1 c. à table
2	poivrons en lamelles	2
375 ml	de noix de pins	1 1/2 tasse
	fromage cheddar râpé (au goût)	

Mode de préparation:

1. Faire dorer les légumes dans une huile pressée à froid.

2. Ajouter tous les autres ingrédients (excepté les poivrons, les noix de pins, et le fromage) et laisser mijoter 10 minutes.

3. Verser dans la pâte à pizza.

4. Étendre ensuite sur le dessus les poivrons et les noix de pins.

5. Parsemer de fromage cheddar au goût.

6. Cuire au four.

7. Cette sauce peut être utilisée sur toutes sortes de croquettes, ex: croquettes de millet, croquettes de riz.

N.B.: On peut inclure dans la pizza des tranches de deli de tofu.

TARTE DU JARDIN
(Four: 350°F (180°C))

Ingrédients:

125 ml	de chou-fleur	1/2 tasse
1	oignon émincé	1
125 ml	de brocoli	1/2 tasse
1/2	piment vert	1/2
125 ml	de champignons	1/2 tasse
125 ml	de carottes en rondelles	1/2 tasse
1	grosse pomme de terre en dés	1
125 ml	de céleri haché	1/2 tasse
125 ml	de jus de tomate	1/2 tasse
125 ml	d'amandes	1/2 tasse
2	oeufs battus	2
2 ml	de thym	1/2 c. à thé
	sel marin	
1 ml	de romarin	1/4 c. à thé

Mode de préparation:

1. Cuire très peu les légumes à la vapeur, environ 5 minutes, excepté les champignons.

2. Mélanger le jus de tomate et les oeufs battus, ajouter les assaisonnements.

3. Verser ce liquide dans les légumes avec les amandes et les champignons.

4. Recouvrir une croûte de tarte de ce mélange, garnir de fromage maigre râpé.

5. Cuire au four environ 30 minutes.

CROQUETTES DE RIZ
(Cuisson: feu moyen)

Ingrédients:

250 ml	de riz entier cuit	1 tasse
60 ml	de carottes cuites	1/4 tasse
60 ml	de graines de tournesol moulues	1/4 tasse
60 ml	de farine de blé mou entier	1/4 tasse
1	soupçon d'eau	1

Mode de préparation:

1. Écraser les carottes et bien les mélanger au riz.

2. Ajouter les graines de tournesol moulues et la farine.

3. Modifier la consistance avec l'eau si nécessaire.

4. Former les boulettes, les aplatir et les faire frire dans un peu d'huile pressée à froid.

5. Servir avec endives cuites à la vapeur et la sauce miso et tamari.

RIZ À LA SAUCE TAMARI
(Cuisson: feu doux; 15 à 20 minutes)

Ingrédients:

250 ml	de riz entier au choix	1 tasse
500 ml	d'eau	2 tasses
60 ml	de sauce tamari	1/4 tasse
1	oignon moyen émincé	1

Mode de préparation:

1. Amener l'eau à ébullition.

2. Baisser le feu au plus bas.

3. Jeter le riz et les autres ingrédients dans l'eau.

4. Brasser et refermer hermétiquement aussi vite.

5. Laisser cuire environ 20 minutes.

SARRASIN AU FOUR
(Four 350°F (180°C))

Ingrédients:

1	oignon émincé	1
7 à 8	têtes de chou-fleur	7 à 8
4 à 5	têtes de brocoli	4 à 5
500 ml	de sarrasin	2 tasses
10	amandes	10
30 ml	d'huile de sésame pressée à froid	2 c. à table

Mode de préparation:

1. Faire sauter le sarrasin dans 1 c. à table (15 ml) d'huile. Ajouter 4 tasses (1 litre) d'eau et un peu de sel.

2. Faire bouillir lentement sur feu doux.

3. Pendant ce temps, cuire légèrement les légumes à la vapeur.

4. Hacher grossièrement les amandes.

5. Mettre tous les légumes, les oignons et les amandes dans un plat allant au four.

6. Recouvrir de sarrasin.

7. Cuire au four 10 minutes.

8. Délicieux avec crème de miso (voir recette).

TOURTIÈRE DES CHAMPS (pour Noël)
(Four: 350°F (180°C); Rendement: 3 portions)

Ingrédients:

1	recette de pâte à tarte express	1
125 ml	de flocons d'avoine	1/2 tasse

125 ml	de millet	1/2 tasse
1	oignon	1
250 ml	de champignons frais émincés	1 tasse
1	poivron rouge ou vert	1
	sauce tamari ou miso	1 once
125 ml	d'algues hiziki trempées	1/2 tasse
2	gousses d'ail hachées finement	2
60 ml	de noix d'acajou ou autres	1/4 tasse
	huile pressée à froid de carthame ou d'arachide.	2 onces
2 ml	de cannelle	1/2 c. à thé
2 ml	de clou de girofle	1/2 c. à thé
2 ml	de muscade	1/2 c. à thé
2 ml	de sel marin	1/2 c. à thé
125 ml	de fromage cheddar cru râpé	1/2 tasse
	quelques demi-amandes ou noix de Grenoble	

Mode de préparation:

1. Faire bouillir 1 1/2 tasse d'eau de source pour y faire cuire l'avoine et le millet à feu doux.

2. Dans une poêle de fonte, faire revenir l'oignon, les champignons, le poivron et l'ail dans une once d'huile.

3. Ajouter les céréales, les algues détrempées coupées en longueurs de 1 pouce, les noix d'acajou, tous les assaisonnements et la sauce tamari.

4. Étendre sur fond de tarte dans une grande assiette à tarte en pyrex et y répartir le mélange.

N.B.: Garder un peu de pâte pour former un "grand beigne" de 3" de diamètre pour le dessus de la tarte.

5. Au centre de la tourtière, déposer "le grand beigne" de pâte à tarte.

6. Autour de cette rondelle (et au centre) répartir le fromage cheddar râpé.

7. Décorer à la sortie du four avec des demi-noix de Grenoble.

CROQUETTES DE MILLET

Ingrédients:

500 ml	de millet cuit	2 tasses
1	carotte crue râpée	1
1	petit oignon râpé	1
1	bâton de céleri haché très fine-ment ou râpé	1
60 ml	de graines de tournesol moulues	4c. à table
60 ml	de graines de citrouille moulues	4 c. à table
60 ml	de farine de maïs ou autre	4 c. à table
1	gousse d'ail émincée (facul-tatif)	1
	un peu d'eau si nécessaire	
30 ml	de sauce tamari ou mélange miso et tamari	2 c. à table

Mode de préparation:

1. Une tasse de millet cru pour 2 tasses d'eau. Mijoter l'eau d'abord et y incorporer ensuite le millet. Brasser et laisser cuire à feu doux. (15 minutes).

2. Au millet cuit, incorporer tous les autres ingrédients et bien mélanger.

3. Former des boulettes et les aplatir. Les faire frire dans un peu d'huile pressée à froid.

4. Très bonnes avec tranches de betteraves cuites ou agrémentées de sauce aux tomates.

RAGOÛT DE BOULGOUR AUX LÉGUMES
(Four: 350°F (180°C))

Ingrédients:

250 ml	de boulgour non cuit	1 tasse
500 ml	d'eau de source	2 tasses
15 ml	de miso	1 c. à table
2	carottes moyennes en ron- delles	2
2	branches de céleri hachées	2
250 ml	de brocoli	1 tasse
250 ml	de chou-fleur	1 tasse
1	grosse gousse d'ail	1
3	échalottes	3
60 ml	de graines de tournesol	1/4 tasse
60 ml	de graines de sésame	1/4 tasse
30 ml	de tamari	2 c. à table
60 ml	d'huile de sésame	1/4 tasse
	sel marin au goût	
60 ml	d'algues aramé trempées dans un peu d'eau	1/4 tasse

Mode de préparation:

1. Pour la cuisson du boulgour:
   Mettre le boulgour, l'eau et le miso ensemble dans une casserole de fonte ou de pyrex et cuire au four pendant 30 minutes.

2. Cuire les carottes, le céleri, le chou-fleur, le brocoli à la vapeur à feu doux pendant 5 minutes (ils doivent rester croustillants).

3. Dans une poêle de fonte, faire griller les graines de sésame et de tournesol.

4. Ajouter l'huile et les échalotte, rôtir 2 minutes.

5. Joindre au contenu de la poêle, la sauce tamari, les algues et tous les légumes cuits.

6. Garder en attente sur feu fermé.

7. Vérifier la cuisson du boulgour et l'ajouter au mélange des légumes.

8. Bien mélanger et servir.

FLOCONS D'AVOINE ET ACAJOU

Ingrédients:

2	oeufs battus	2
500 ml	de flocons d'avoine	2 tasses
500 ml	de lait de soya ou autre	2 tasses
1	oignon moyen râpé	1
125 ml	d'acajou moulu ou graines de tournesol, ou fromage râpé	1/2 tasse
1	gousse d'ail émincée sel marin, au goût	1
15 ml	persil haché thym au goût	1 c. à table
15 ml	d'algues hiziki ou aramé coupées finement (facultatif)	1 c. à table

Mode de préparation:

1. Faire tremper les flocons d'avoine dans le lait.

2. Ajouter tous les autres ingrédients, excepté les oeufs.

3. Laisser reposer 30 minutes.

4. Ajouter les oeufs battus.

5. Déposer à la cuillère dans une poêle huilée et rôtir des deux côtés.

6. Accompagner d'une sauce, si désiré.

7. Accompagner d'une ratatouille de légumes.

CROUSTILLADES DE MILLET GERMÉ
(Four: 250°F (120°C) ou séchoir électrique)

Ingrédients:

250 ml	de millet germé, moulu (ou autres graines)	1 tasse

500 ml	de graines de tournesol germées et moulues	2 tasses
125	de carottes moulues	1/2 tasse
1	petit oignon émincé	1
15 ml	de sauce tamari ou miso	1 c. à table
2 ml	de thym	1/2c. à thé

Mode de préparation:

1. Moudre le millet et les graines de tournesol germées ainsi que les carottes.

2. Incorporer tous les autres ingrédients et assaisonnements.

3. Bien mélanger et les rassembler en une masse.

4. Cuire au four pendant 1 heure, jusqu'à ce que croustillantes.

5. Autre possibilité: faire sécher au séchoir électrique.

FEUILLES D'ALGUES NORI FARCIES AU RIZ
(Cuisson: feu doux pour le riz)

Ingrédients:

500 ml	de riz entier cuit	2 tasses
1	carotte crue, râpée finement	1
185 ml	de noix de Grenoble moulues finement	3/4 tasse
	sel marin au goût	
60 ml	d'huile d'olive pressée à froid de première pression	3/4 tasse
15 ml	de levure alimentaire	1 c. à table
	feuilles de nori	

Mode de préparation:

1. Mélanger tous les ingrédients.

2. Les rendre le plus homogène possible.

3. Passer doucement une feuille de nori dans de l'eau tiède.

4. Couper en quatre avec des ciseaux.

5. Sur chacun des carrés, déposer 1 c. à table (15 ml) de la préparation au riz.

6. Rabattre les côtés de l'algue sur la préparation et rouler du début à la fin.

7. Procéder ainsi jusqu'à épuisement de la préparation de riz.

8. Délicieuses, tièdes, accompagnées de crudités.

FÈVES DE LIMA FROMAGÉES
(Four: 350°F (180°C))

Ingrédients:

454 gr	de fèves de Lima cuites	1 livre
2	oeufs battus	2
250 ml	de pain émietté	1 tasse
250 ml	de fromage râpé	1 tasse
15 ml	de beurre de sésame	1 c. à table
5 ml	de sel marin	1 c. à thé
	basilic, thym, persil au goût	

Mode de préparation:

1. Égoutter les fèves et les passer au mélangeur.

2. Faire revenir les oignons dans un soupçon d'huile.

3. Mélanger tous les ingrédients et assaisonnement.

4. Mettre dans un moule à pain huilé et cuire au four.

5. Manger accompagné de petits haricots jaunes ou verts.

SALADE DE LÉGUMINEUSES

Ingrédients:

500 ml	de fèves rouges cuites	2 tasses
250 ml	de fèves blanches	1 tasse
250 ml	de pois chiches	1 tasse

1	carotte tranchée mince	1
10	têtes de brocoli	10
1	branche de céleri	1

Mode de préparation:

1. Mélanger tous les ingrédients.

2. Arroser d'une vinaigrette maison.

3. Réfrigérer pendant quelques heures.

GALETTES DE LÉGUMINEUSES
(Four: 350°F (180°C); Rendement: 3 portions)

Ingrédients:

180 ml	de fèves (haricots) de Lima	3/4 tasse
180 ml	d'haricots rouges	3/4 tasse
1	morceau de 4 cm carré de kombu (algue)	1
3	tomates entières	3
4	grosses gousses d'ail	4
4	branches de persil frais	4
1	branche de céleri	1
1	poivron vert	1
45 ml	d'huile d'olive pressée à froid	3 c. à table
50 à 125 ml	fromage cru râpé	1/4 à 1/2 tasse

Mode de préparation:

1. Faire cuire les haricots rouges et les fèves de Lima jusqu'à tendreté; avec le Kombu.

2. Les égoutter et les mettre en purée.

3. Passer les tomates à l'eau bouillante pour enlever la pelure.

4. Mettre au mélangeur tous les ingrédients pour obtenir une pâte lisse.

5. Fabriquer les galettes.

6. Déposer sur chacune du fromage et laisser chauffer 5 minutes au four.

N.B.: On peut, à la place du gratiné au fromage, arroser les galettes d'une sauce béchamelle aux champignons frais.

HOMUS
(Pas de cuisson sauf pour les pois chiches)

Ingrédients:

125 ml	de pois chiches crus	1/2tasse
1	morceau de 4 cm carré de komku (algue)	1
2	gousses d'ail	2
60 ml	de jus de citron frais	1/4 tasse
2 ml	de sel de mer fin	1/2 c. à thé
30 ml	de tahini ou beurre de sésame	2 c. à table
125 ml	d'eau de cuisson des pois chiches	1/2 tasse

Mode de préparation:

1. Tremper la veille les pois chiches.

2. Couvrir les pois chiches d'eau avec le Kombu (algue) et amener à ébullition puis laisser mijoter jusqu'à ce qu'ils soient tendres (environ 5 heures), et rajouter de l'eau si nécessaire.

3. Graduellement, passer dans le mélangeur 375 ml (1 1/2 tasse) de pois chiche cuits, l'eau de cuisson, le citron, l'ail, le tahini et le sel de mer.

4. Délicieux sur des craquelins ou toutes formes de tartinades.

RAGOÛT DE TEMPEH
(Cuisson: sur feu)

Ingrédients:

1	sac de tempeh	1
1500 ml	d'eau de source	6 tasses

2	carottes	2
1	gousse d'ail	1
2	branches de céleri	2
1	oignon	1
1	pomme de terre	1
125 ml	pois verts frais ou congelés	1/2 tasse
227 gr	haricots jaunes ou verts	1/2 livre
30 ml	de miso	2 c. à table
1/2	citron	1/2

Mode de préparation:

1. Couper le tempeh en carrés de 2 pouces et le faire mijoter dans l'eau avec l'ail pendant une heure.

2. Ajouter ensuite les carottes tranchées en lamelles, l'oignon et la pomme de terre coupés grossièrement, les pois verts, les haricots et le céleri et laisser mijoter 10 minutes.

3. À la fin de la cuisson, ajouter le miso.

4. Servir et agrémenter de quelques gouttes de citron.

FÈVES AU LARD SANS SUCRE
(Four: 350°F (180°C))

Ingrédients:

1 l	de fèves blanches sèches	4 tasses
4 l	d'eau de source	3 pintes
1	gros oignon en tranches	1
85 ml	de beurre ou	1/3 tasse
85 ml	d'huile de carthame pressée à froid	1/3 tasse
10 ml	de sel marin	2 c. à thé
5 ml	de moutarde sèche	1 c. à thé
1	branche de céleri	1

Mode de préparation:

1. La veille, tremper les fèves dans l'eau. Le matin, amener à ébullition.

2. Mijoter une heure.

3. Déposer au fond d'un plat de grès, l'oignon et l'huile ou le beurre.

4. Ajouter tous les autres ingrédients.

5. Couvrir.

6. Cuire au four environ 6 heures.

7. Découvrir et cuire une heure.

8. Vérifier à quelques reprises. Au besoin, ajouter de l'eau.

SAUMON DANS UN COURT-BOUILLON
(Cuisson: feu moyen; Rendement: 3 personnes)

Ingrédients:

700 gr	de saumon	1 1/2 livre
750 ml	d'eau de source	3 tasses
1	petit oignon piqué d'un clou de girofle	1
1	branche de céleri	1
1	morceau de navet	1
1	petite carotte	1
2 ml	de sel marin	1/2 c. à thé
2 ml	de sauce tamari	1/2 c. à thé
1	bouquet de persil, thym et laurier	1

Mode de préparation:

1. Nettoyer et écailler le saumon; faire cuire par morceaux ou en tranches dans le court-bouillon.

2. Préparer le court-bouillon en faisant mijoter les légumes 30 minutes.

3. Couvrir le saumon du court-bouillon.

4. Amener au point d'ébullition et laisser pocher en calculant 10 à 15 minutes par livre; retirer du bouillon.

5. Au bouillon, ajouter 1 c. à table de farine de marante et brasser jusqu'à épaississement.

6. Déposer la sauce sur le saumon et servir avec des pommes de terre et haricots verts.

TRUITES FARCIES AUX POMMES
(Four: 375°F (190°C))

Ingrédients:

1	petite truite par personne	1
1/2	pomme par truite	1/2
15 ml	de ciboulette	1 c. à table
250 ml	de champignons frais	1 tasse
30 ml	d'huile pressée à froid	2 c. à table
	sel marin, citron	

Mode de préparation:

1. Bien laver les truites et les assécher.

2. Faire revenir légèrement les pommes coupées en cubes et la ciboulette dans l'huile et les retirer de la poêle.

3. Farcir les truites avec les pommes.

4. Enfariner les truites et les saisir dans l'huile.

5. Finir la cuisson au four pendant 15 minutes.

6. Retirer les truites et les garder au chaud.

7. Faire revenir les champignons et les déposer sur les truites.

8. Servir, arroser de quelques gouttes de citron.

FILETS DE SOLE PANÉS AU FALAFEL

Ingrédients:

4	filets de sole	4
45 ml	de falafel	3 c. à table
15 ml	de persil frais haché	1 c. à table
15 ml	de ciboulette fraîche hachée	1 c. à table

1	oeuf	1
15 ml	d'huile de carthame pressée à froid	1 c. à table
	le zeste râpé d'un 1/2 citron	

Mode de préparation:

1. Battre l'oeuf et l'assaisonner au goût.

2. Essuyer les filets avec du papier absorbant.

3. Tremper ces filets dans l'oeuf battu, puis les passer dans le falafel.

4. Chauffer l'huile dans une poêle de fonte et bien dorer les filets.

5. Vers la fin de la cuisson, ajouter le persil, la ciboulette et le zeste de citron.

6. Servir avec des tranches de citron.

MACARONI (coudes) AUX CREVETTES DE ST-ULRIC
(Cuisson: feu doux)

Ingrédients:

250 ml	de crevettes	1 tasse
750 ml	de macaroni cuit de blé entier	3 tasses
1	poivrons rouge en lamelles	1
1	carotte en rondelles	1
1	petit oignon	1
45 ml	d'huile de sésame	3 c. à table
2 ml	de sel marin	1/2 c. à thé
15 ml	de citron	1 c. à table

Mode de préparation:

1. Dans une poêle de fonte chauffée, verser un peu d'huile et frire les crevettes.

2. Ajouter les légumes et cuire tout en les gardant croustillants.

3. Assaisonner au goût.

4. Ajouter le macaroni (coudes) cuit et bien mélanger.

5. Asperger de jus de citron.

FILETS DE TURBOT ENROBÉS OU DE FLÉTAN
(Four 400°F (200°C); Rendement: 4 à 6 personnes)

Ingrédients:

250 ml	de farine de blé entier à pâtisserie	1 tasse
5 ml	de poudre à pâte sans alun	1 c. à thé
250 ml	de lait	1 tasse
2 ml	de sel marin	1/2 c. à thé
1 ml	de muscade	1/4 c. à thé
1 kg	de filets de turbot ou de flétan	2 livres

Mode de préparation:

1. Couper les filets du poisson choisi en portions indivi- duelles et assaisonner au goût.

2. Tamiser ensemble la farine, la poudre à pâte et le sel.

3. Ajouter graduellement le lait pour obtenir une pâte de consistance moyenne.

4. Laisser reposer 30 minutes.

5. Tremper les filets dans la pâte et les déposer sur une plaque bien huilée.

6. Cuire au four jusqu'à ce que bien dorés.

7. Retourner en cours de cuisson pour dorer des deux côtés.

POISSON AUX TOMATES
(Four 350°F (180°C))

Ingrédients:

454 gr	de filets de morue ou de sole	1 livre
1	oignon moyen émincé	1

125 ml	de céleri émincé	1/2 tasse
1	piment vert émincé	1
1	gousse d'ail hachée finement	1
	petite pincée de thym	
15 ml	d'algues aramé détrempées	1 c. à table
1	boîte de tomates (10 onces)	1
30 ml	d'huile pressée à froid	2 c. à table
	sel marin	

Mode de préparation:

1. Très peu cuire les légumes et l'ail.

2. Ajouter les tomates, le thym et les algues et laisser mijoter 5 minutes.

3. Placer les filets de poisson dans un plat huilé.

4. Couvrir de la sauce aux tomates.

5. Laisser cuire au four pendant environ 15 minutes.

6. Doubler le temps de cuisson pour des filets congelés.

TARTE DE MORUE

Ingrédients:
Sauce:

500 ml	de morue cuite	2 tasses
60 ml	de beurre	4 c. à table
60 ml	de farine	4 c. à table
500 ml	de lait	2 tasses
1	branche de céleri	1
	sel marin et muscade au goût	
2	oeufs cuits durs coupés en petits morceaux	2

Mode de préparation:

1. Chauffer le beurre et frire le céleri. Retirer du feu, ajouter la farine et brasser avec une cuillère de bois.

2. Remettre sur le feu et ajouter le lait graduellement.

3. Assaisonner de sel et muscade.

4. Ajouter la morue et les oeufs cuits durs.

5. Déposer dans une pâte à tarte pré-cuite.

6. Passer au four quelques minutes et servir.

TOURTIÈRE LAURENTIENNE
(Four: 450°F 235°C); 325°F (165°C))

Ingrédients:

650 à 700 gr	de lapin	1 1/2 livre
650 à 700 gr	de poulet	1 1/2 livre
1	oignon	1
454 gr	pommes de terre	1 livre
125 ml	d'huile de carthame pressée à froid	1/2 tasse
	sel marin	
2 ml	de cumin	1/2 c. à thé
5 ml	de thym	1 c. à thé
1	oeuf battu	1
60 ml	de lait	1/4 tasse
	pâte brisée (voir recette)	

Mode de préparation:

1. Foncer un moule huilé avec une abaisse de pâte brisée.

2. Faire revenir les viandes coupées en cubes avec de l'huile (1/4 de tasse seulement).

3. Mélanger les viandes avec l'oignon émincé et les pommes de terre en dés.

4. Assaisonner et verser le mélange dans le moule avec le reste de l'huile.

5. Recouvrir d'eau et d'une abaisse de pâte brisée.

6. Pratiquer une incision dans la pâte pour laisser échapper la vapeur.

7. Battre l'oeuf et le lait et badigeonner la pâte.

8. Cuire à 235°C pendant 30 minutes et ensuite à 165°C pour le reste de la cuisson (3 heures).

BOULGOUR AU POULET
(Cuisson: feu doux)

Ingrédients:

250 g	de poulet en cubes	1/2 livre
60 ml	d'huile pressée à froid	1/4 tasse
1	gros oignon émincé	1
1	grosse gousse d'ail émincée	1
2	carottes moyennes en cubes	2
125 ml	de céleri en cubes	1/2 tasse
1	tranche moyenne de navet râpé	1
250 ml	de boulgour cru	1 tasse
2 ml	de sel de mer	1/2 c. à thé
30 ml	de miso	2 c. à table
15 ml	de tamari (au goût)	1 c. à table
2 ml	de thym	1/2 c. à thé
2 ml	de basilic	1/2 c. à thé
750 ml	d'eau de source	3 tasses
125 ml	de jus de tomate	1/2 tasse

Mode de préparation:

1. Dans une poêle en fonte, dorer les cubes de poulet dans l'huile.

2. Incorporer l'oignon, l'ail et tous les autres légumes.

3. Cuire à feu doux, 5 minutes.

4. Assaisonner avec le sel, le thym et le basilic.

5. Ajouter le liquide avec le boulgour, le miso et la sauce tamari.

6. Couvrir et laisser mijoter à feu doux pendant 15 à 20 minutes. Brasser une ou deux fois et vérifier l'assaisonnement.

BOULETTES DE VEAU À L'AVOINE
(Cuisson: feu moyen)

Ingrédients:

454 g	de veau haché très maigre	1 livre
	flocons d'avoine (1/2 tasse de flocons pour chaque 1/2 tasse de viande)	
2	oignons hachés	2
1	oeuf	1
125 ml	de lait	1/2 tasse
2 ml	de thym	1/2 c. à thé
30 ml	de sauce tamari	2 c. à table
5 ml	de miso	1 c. à thé

Mode de préparation:

1. Mélanger les 6 premiers ingrédients ensemble et former des boulettes.

2. Rôtir les boulettes de tous les côtés dans l'huile pressée à froid.

3. Couvrir les boulettes d'eau de source, ajouter le miso et la sauce tamari.

4. Laisser mijoter à feu doux pendant 20 minutes.

5. Retirer les boulettes.

6. Dans 2 tasses (500 ml) de lait ajouter 4 c. à table de (60 ml) farine et bien mélanger.

7. Jeter ce mélange dans le premier bouillon.

8. Ajouter les boulettes quand la sauce est très consistante.

9. Prêtes à servir avec des crudités.

LAPIN BRAISÉ
(Four: 350°F (180°C))

Ingrédients:

1	lapin en morceaux	1
60 ml	de farine de blé entier à pâtisserie	1/4 tasse
2 ml	de sel marin	1/2 c. à thé
60 ml	d'huile pressée à froid	1/4 tasse
60 ml	d'oignons hachés	1/4 tasse
1000 ml	d'eau bouillante	4 tasses
30 ml	de miso	2 c. à table
30 ml	de sauce tamari	2 c. à table
	estragon au goût	
1	gousse d'ail	1

Mode de préparation:

1. Dans la farine, mélanger le sel et enrober les morceaux de lapin.

2. Sur feu moyen, brunir la viande, l'ail et l'oignon.

3. Ajouter l'eau bouillante, le miso et la sauce tamari.

4. Cuire au four avec le couvercle, pendant environ 1 1/2 heure, jusqu'à ce que la viande soit tendre.

5. Une demi-heure avant la fin de la cuisson, mettre l'estragon et brasser.

6. À la fin de la cuisson, épaissir la sauce avec de la farine de marante (substitution de la fécule de maïs) 2 c. à table dans 1/4 de tasse d'eau. Remettre au four 10 minutes.

7. Prêt à servir sur riz nature aux légumes.

FEUILLES DE VIGNE FARCIES

Ingrédients:

Part égale de viande de veau haché et riz nature non cuit. Tabel au goût (assaisonnement). Cumin au goût (assaisonnement). Sel marin. Oignons hachés.

Mode de préparation:

N.B.: Faire mijoter les feuilles de vigne 5 à 10 minutes avant de les utiliser.

1. Mettre tous les ingrédients ensemble et bien mélanger.

2. Farcir chaque feuille de vigne d'un peu de cette préparation, en formant un petit rouleau dans le sens de la largeur de la feuille.

3. Déposer la farce au centre de la feuille de vigne et rabattre les côtés de la feuille par dessus.

4. Saisir le haut de la feuille et le rabattre aussi.

5. Rouler fermement jusqu'à l'autre extrémité de la feuille.

6. Répéter ainsi jusqu'à ce qu'il ne reste plus de feuilles ni de préparation.

Cuisson:

1. Couvrir d'eau de source les rouleaux de feuilles farcies.

2. Ajouter une gousse d'ail, sel, une cuillèrée à table de jus de citron frais, 1 c. à table de miso et 1 c. à table de tamari.

3. Laisser mijoter le tout 40 minutes, recouvert à l'intérieur d'une assiette et d'une pesée. Ajouter le couvercle.

4. Avec le bouillon, mijoter une sauce épaissie de farine de marante.

5. Peuvent être mangées avec du yogourt maison nature.

POULET AU FOUR AUX LÉGUMES
(Four: 325°F (160°C))

Ingrédients:

1	poulet	1	
60 ml	d'huile pressée à froid	1/4 tasse	

1	oignon	1
1	carotte et un navet tranchés	1
	sel de mer, poudre d'ail, basilic et autres assaisonnements au goût.	

Mode de préparation:

1. Laver le poulet et enlever complètement la peau et tout le gras aperçu.

2. Le badigeonner à l'aide d'un pinceau de l'huile pressée à froid.

3. Chauffer une casserole en fonte et y dorer le poulet de tous les côtés.

4. Badigeonner le poulet à nouveau et le saupoudrer de sel, d'ail, de basilic au goût.

5. Déposer des rondelles d'oignon à l'intérieur du poulet et entre les ailes. Placer au four pour 1 1/2 heure.

6. De temps à autre, arroser le poulet de son bouillon.

7. 20 minutes avant la fin de la cuisson, ajouter les carrottes et les tranches de navet.

8. Servir chaud sur riz, millet, banane plantain ou orge.

Desserts

CARRÉS AUX FIGUES
(Four: 350°F (180°C))

Ingrédients:

250 ml	de farine de blé entier (mou ou à pâtisserie)	1 tasse
160 ml	farine de riz entier	2/3 tasse
2 ml	de muscade	1/2 c. à thé
60 ml	d'huile	1/4 tasse
1	oeuf battu	1
1 ml	extrait de vanille pure	1/4 c. à thé
125 ml	de lait	1/2 tasse

Garniture:

1 à 1.5 k	de figues	2 à 3 livres
375 ml	d'eau (plus, si nécessaire)	1 1/2 tasse

Mode de préparation:

1. Cuire à feu doux les figues jusqu'à tendreté.

2. Réduire en purée au mélangeur. Ajouter de l'eau si nécessaire.

3. Consistance crémeuse.

4. Mettre de côté et préparer la pâte.

5. On peut utiliser cette préparation pour mettre sur le pain du matin ou tartiner des craquelins.

Pâte:

1. Mêler les deux farines et la muscade. Incorporer l'huile en travaillant bien avec les doigts.

2. Mêler l'oeuf battu, la vanille et le lait.

3. Verser le liquide sur les ingrédients secs et travailler la pâte avec une fourchette.

4. Diviser la pâte en deux et la rouler directement sur une plaque à biscuit.

5. Couvrir généreusement de la garniture aux figues.

6. Rouler la deuxième partie de la pâte sur un papier ciré.

7. S'assurer que ce rectangle corresponde à celui du dessous.

8. Étendre délicatement la pâte sur les figues et enlever le papier ciré en douceur.

9. Couper immédiatement en rectangles de 2" sur 3".

10. Pique avec une fourchette en diagonale, d'un coin à l'autre.

11. Cuire au four environ 20 minutes.

CRÈME PÂTISSIÈRE AUX AMANDES

Ingrédients:

250 ml	d'eau de source	1 tasse
250 ml	de lait cru ou autre	1 tasse
12 à 15	dattes dénoyautées ou	12 à 15
6 à 7	figues	6 à 7
125 ml	d'amandes brunes	1/2 tasse
5 ml	d'extrait de vanille pure	1 c. à thé
52 ml	de farine de marante	3 1/2 c. à table

Mode de préparation:

1. Mettre tous les ingrédients au mélangeur et liquéfier.

2. Verser au bain-marie et brasser jusqu'à épaississement.

3. Refroidir.

4. Étendre dans le fond d'une croute de tarte les fruits de votre choix; morceaux de pommes crus ou tranches de bananes.

5. Recouvrir ces fruits de la crème pâtissière.

6. Décorer de bâtonnets de sésame ou de noix de coco râpée.

MOUSSE AUX PÊCHES ET AUX BANANES

Ingrédients:

500 gr	de pêches ou de poires fraîches ou congelées sans sucre	1 lb env.
250 ml	de yogourt nature	1 tasse
125 ml	tranches de bananes congelées	1/2 tasse
10 à 12	amandes	10 à 12

Mode de préparation:

1. Déposer tous les ingrédients au mélangeur et crémer.

2. Verser dans des coupes à dessert.

3. Décorer en parsemant de son de blé ou de graines de sésame.

GÂTERIE DU JOUR DE L'AN
(Beignes)

Ingrédients:

3	oeufs	3
125 ml	de beurre	1/2 tasse
250 ml	de lait entier	1 tasse
1250 ml	de farine de blé entier à pâtisserie	5 tasses
25 ml	de poudre à pâte sel et essence au goût	5 c. à thé

Mode de préparation:

1. Défaire le beurre en crème.

2. Ajouter les jaunes d'oeufs.

3. Tamiser la farine, la poudre à pâte et le sel.

4. Opérer la détrempe en alternant farine et lait.

5. Incorporer légèrement les blancs d'oeufs battus.

6. Former une abaisse pas trop mince, découper et cuire en pleine friture (huile pressée à froid de carthame).

7. Ne pas laisser la pâte trop molle mais plutôt ferme.

ROULEAUX DE BEURRE D'ARACHIDE ET SÉSAME

Ingrédients:

125 ml	beurre d'arachide	1/2 tasse
60 ml	beurre de sésame	1/4 tasse
60 ml	dattes hachées finement	1/4 tasse
60 ml	raisins secs hachés finement	1/4 tasse
500 ml	noix de coco râpé (sans sucre ajouté)	2 tasses
60 ml	graines de sésame	1/4 tasse

Mode de préparation:

1. Déposer les ingrédients dans un bol, excepté les graines de sésame.

2. Avec ses mains, former un mélange homogène et pétrir quelque peu.

3. Prendre environ 2 à 3 c. à thé (10 à 15 ml) de ce mélange et former des rouleaux comme le font les enfants avec la pâte à modeler.

4. Grosseur des rouleaux: comme son index.

5. Étendre les graines de sésame dans une assiette et rouler en pesant quelque peu pour que les graines s'accolent à cette texture.

6. Garder réfrigérés.

PUDDING AU RIZ NATURE
(Four: 350°F (180°C))

Ingrédients:

250 ml	de riz brun entier cuit	1 tasse
250 ml	de lait entier cru si possible	1 tasse
2	oeufs entiers	2

3 ml	de vanille	3/4 c. à thé
60 ml	de raisins secs	1/4 tasse
60 ml	de dattes hachées	1/4 tasse

Mode de préparation:

1. Battre séparément les jaunes et les blancs d'oeufs.

2. Garder l'équivalent d'un blanc d'oeuf pour la garniture.

3. Incorporer les jaunes et le reste des blancs d'oeufs battus aux autres ingrédients et mélanger.

4. Déposer dans un plat huilé allant au four.

5. Garnir du reste de blanc d'oeuf battu.

6. Cuire environ 10 minutes, selon le type de cuisson du four.

"BANANA SPLIT" À LA NOIX DE COCO
(Cuisson: aucune)

Ingrédients:

500 ml	de yogourt nature	2 tasses
125 ml	d'ananas frais écrasés, égouttés	1/2 tasse
30 ml	de capuchons de caroube non sucrés, hachés finement	2 c. à table
4	bananes pelées	4
125 ml	de noix hachées	1/2 tasse
125 ml	de noix de coco râpé sans sucre	1/2 tasse

Mode de préparation:

1. Mélanger le yogourt, l'ananas et le caroube.

2. Couper la banane en deux, sur la longueur.

3. Pour chaque portion, utiliser une moitié de banane.

4. Répartir le mélange de yogourt sur chaque portion.

5. Saupoudrer de noix hachées et de noix de coco râpée.

POUDING AU TOFU ET FRAISES
(Cuisson: aucune)

Ingrédients:

375 ml	de tofu	1 1/2 tasse
80 ml	d'huile	1/3 tasse
60 ml	de raisins secs broyés	1/4 tasse
125 ml	de yogourt nature	1/2 tasse
500 ml	de fraises	2 tasses
5 ml	de vanille	1 c. à thé
15 ml	de jus de citron	1 c. à table

Mode de préparation:

1. Mettre tous les ingrédients dans le récipient du mélangeur et réduire en purée, jusqu'à l'obtention d'une consistance crémeuse.

2. Verser dans des coupes et réfrigérer pendant quelques heures.

CROUSTILLADES DE POMMES
(Four: 350°F (180°C)

Ingrédients:

4 à 5	grosses pommes	4 à 5
250 ml	de granola	1 tasse
125 ml	de noix de coco râpée non sucrée	1/2 tasse
125 ml	de raisins secs	1/2 tasse
2 ml	de coriandre moulue	1/2 c. à thé
30 ml	d'huile pressée à froid	2 c. à table
12	amandes effilées	12

Mode de préparation:

1. Couper les pommes en tranches minces et les déposer dans un plat allant au four.

2. Couvrir d'une partie des ingrédients secs énumérés ci-dessus.

3. Répéter en couches alternées jusqu'à épuisement des ingrédients.

4. Garnir avec les amandes effilées.

5. Couvrir et cuire 35 minutes, 10 minutes sans couvercle.

BOULES DE NOËL AUX FRUITS
(Cuisson: aucune)

Ingrédients:

250 ml	d'amandes	1 tasse
*125 ml	de raisins secs	1/2 tasse
*125 ml	de figues ou dattes	1/2 tasse
15 ml	de zeste de citron	1 c. à table
5 ml	de vanille	1 c. à thé
15 ml	d'huile pressée à froid de première pression	1 c. à table
60 ml	de noix de coco râpée	1/4 tasse
240 ml	de millet cuit	1 tasse
	Graine de sésame, noix hachées ou noix de coco râpée.	

Mode de préparation:

1. Mettre les 6 premiers ingrédients dans un robot culinaire et moudre jusqu'à ce que les ingrédients soient bien hachés.

2. Ajouter le millet et la noix de coco. Mélanger les ingrédients.

N.B.: Peut être fait sans le robot, en coupant finement les petits fruits à la main.

3. Façonner en boulettes.

4. Rouler celles-ci dans des graines de sésames, de la noix de coco râpée ou des noix hachés.

5. Conserver au réfrigérateur.

COMPOTE DE POMMES

Ingrédients:

6	pommes	6
60 ml	d'eau	1/4 tasse

Mode de préparation:

1. Bien laver les pommes et couper en tranches.

2. Placer dans une casserole qui garde bien la chaleur.

3. Ajouter l'eau.

4. Cuire à feu doux.

5. Passer au mélangeur 2 à 3 minutes.

6. Se déguste bien avec du yogourt nature et avec des crêpes.

CRÈME GLACÉE AUX BANANES ET AUX NOIX
(Cuisson: aucune; Rendement: 3 portions)

Ingrédients:

3	bananes	3
60 ml	de noix hachées	1/4 tasse
15 ml	de capuchons de caroube sans sucre ajouté	1 c. à table

Mode de préparation:

1. Couper les bananes en tranches.

2. Les mettre à congeler.

3. Passer ensuite les tranches de bananes congelées au robot ou au mélangeur.

4. Incorporer les noix hachées et déposer le tout dans des coupes à dessert.

5. Décorer de capuchons de caroube.

CRÈME PÂTISSIÈRE AUX FRUITS
(Cuisson: bain-marie à feu moyen)

Ingrédients:

3	oeufs battus	3
500 ml	de lait	2 tasses
75 ml	de farine	1/3 tasse
5 ml	de vanille ou d'essence d'érable ou d'eau de rose ou d'oranger	1 c. à thé
125-250 ml	de fruits séchés coupés finement	1/2 à 1 tasse

Mode de préparation:

1. Mettre les oeufs battus et tous les autres ingrédients au bain-marie.

2. Laisser cuire en remuant constamment.

3. Laisser refroidir.

GALETTES AUX DATTES ET CAROUBE
(Four: 400°F (200°C))

Ingrédients:

275 ml	de farine de blé entier à pâtisserie	1 1/2 tasse
2 ml	de soda	1/2 c. à thé
1 ml	de poudre à pâte	1/4 c. à thé
1 ml	de sel	1/4 c. à thé
1 ml	de cannelle	1/4 c. à thé
0,5 ml	de muscade	1/8 c. à thé
5 ml	de vanille nature pure	1 c. à thé
125 ml	de yogourt	1/2 tasse
60 ml	de beurre ou d'huile	1/4 tasse
60 ml	de capuchons de caroubes hachés finement	1/4 tasse
1	oeuf battu	1
160 ml	de dattes hachées	2/3 tasse
20	noix coupées en deux	20

Mode de préparation:

1. Mélanger le beurre ou l'huile, le caroube et la vanille.

2. Ajouter l'oeuf et brasser.

3. Ajouter les ingrédients secs au mélange crémeux en alternant avec le yogourt.

4. En dernier lieu, incorporer les dattes et verser par cuillerée à thé le mélange sur une plaque graissée.

5. Garnir chaque biscuit d'une demi-noix.

6. Cuire au four pendant 10 minutes.

GOURMANDISE AU BEURRE D'ARACHIDE
(Cuisson: aucune)

Ingrédients:

180 ml	de beurre d'arachide	3/4 tasse
60 ml	de germe de blé	1/4 tasse
60 ml	de dattes hachées finement	1/4 tasse
60 ml	de raisins secs hachés finement	1/4 tasse
375 ml	de noix de coco râpée sans sucre	1 1/2 tasse
	poudre de caroube	

Mode de préparation:

1. Mélanger tous les ingrédients.

2. Former de petites boules et les rouler dans la poudre de caroube.

POUDING DE CAROTTES À LA VAPEUR
(Cuisson: à la vapeur)

Ingrédients:

125 ml	de beurre	1/2 tasse
1	oeuf	1
250 ml	de carottes râpées	1 tasse

15 ml	d'eau	1 c. à table
	jus d'une orange	
375 ml	de farine de blé entier	1 1/2 tasse
2 ml	soda	1/2 c. à thé
5 ml	de poudre à pâte	1 c. à thé
2 ml	de cannelle	1/2 c. à thé
2 ml	de muscade	1/2 c. à thé
125 ml	de raisins	1/2 tasse
250 ml	fruits mélangés	8 oz

Mode de préparation:

1. Mélanger beurre, oeuf, carottes, eau, jus d'orange et ingrédients secs.

2. Mettre dans des boîtes de 48 oz et sceller avec du papier aluminium.

3. Déposer la boîte dans une casserole et mettre de l'eau au 3/4 de celle-ci.

4. Recouvrir la casserole et cuire à la vapeur pendant 3 heures.

FRAÎCHEUR AUX FRUITS
(Cuisson: aucune)

Ingrédients:

500 ml	de fruits frais	2 tasses
15 ml	de jus de citron	1 c. à table
5 ml	de vanille nature	1 c. à thé
125 ml	d'huile pressée à froid de pre-mière pression	1/2 tasse
250 ml	de tofu	1 tasse
60 ml	de noix de coco râpée non sucrée	1/4 tasse
60 ml	de son	1/4 tasse

Mode de préparation:

1. Réduire en purée au mélangeur jusqu'à consistance crémeuse. Mettre dans des coupes, saupoudrer de son et de noix de coco. Réfrigérer.

GLAÇAGE AU CAROUBE
(Cuisson: aucune)

Ingrédients:

60 ml	de graines de citrouille	1/4 tasse
60 ml	de graines de lin	1/4 tasse
250 ml	de graines de tournesol	1 tasse
180 ml	de poudre de caroube	3/4 tasse
5 ml	de vanille	1 c. à thé
	Eau d'oranger au goût	
250 ml	d'huile pressée à froid de première pression	1 tasse

Mode de préparation:

1. Moudre toutes les graines et mélanger au reste des ingrédients.

2. Réfrigérer.

GLAÇAGE AUX FRUITS

1. Tremper pendant quelques heures les fruits secs.

2. Égoutter et passer au mélangeur avec une poire ou une pomme (avec la pelure) et ajouter quelques noix d'acajou et de Grenoble.

3. Si trop épais, ajouter un peu d'eau de trempage des fruits.

4. Manger tel quel ou avec du yogourt, sur des crêpes, des craquelins ou du pain.

GÂTEAU À LA CITROUILLE ET AUX RAISINS SECS
(Four: 325°F (160°C))

Ingrédients:

750 ml	de farine de blé entier à pâtisserie	3 tasses
10 ml	de soda	2 c. à thé
1 ml	de sel	1/4 c. à thé
10 ml	de cannelle	2 c. à thé

7,5 ml	de clou de girofle moulu	1 1/2 c. à thé
125 ml	de beurre ou d'huile pressée à froid	1/2 tasse
180 ml	de raisins secs	3/4 tasse
2	oeufs	2
500 ml	de citrouille en purée	2 tasses

Mode de préparation:

1. Tamiser dans un bol la farine, avec le soda, le sel, la cannelle et le clou de girofle moulu.

2. Mettre le beurre en crème. Battre les oeufs et les verser au mélange. Battre le tout jusqu'à ce que le mélange soit léger et mousseux.

3. a) Ajouter le mélange n°1 au mélange n°2, en alternant avec la purée de citrouille. Bien battre après chaque addition.

   b) Ajouter les raisins secs.

4. Verser la pâte dans un moule à pain et cuire au four de 50 à 60 minutes.

5. Pour savoir si le gâteau est cuit, enfoncer une broche ou un cure-dent. Si la broche ou le cure-dent est propre, c'est que le gâteau est cuit.

6. Lorsqu'il est cuit, le démouler et le laisser refroidir.

GÂTEAU À LA CAROUBE
(Four: 350°F (180°C); Temps: 40 à 45 minutes)

Ingrédients:

750 ml	de farine de blé entier à pâtisserie	3 tasses
60 ml	de poudre de caroube	1/4 tasse
15 ml	de poudre à pâte	1 c. à table
2	bananes bien mûres en purée	2
125 ml	d'huile pressée à froid	1/2 tasse

3	oeufs	3
250 ml	de lait ou d'eau de source	1 tasse
180 ml	de noix hachées	3/4 tasse

Mode de préparation:

1. Tamiser ensemble la farine, la poudre à pâte et la poudre de caroube.

2. Battre ensemble tous les autres ingrédients à l'exception des noix.

3. Incorporer les ingrédients secs au mélange liquide.

4. Bien mélanger, ajouter les noix.

5. Verser la pâte dans un moule huile de 8" par 12".

GÂTEAU D'HALLOWEEN AUX NOIX
(Four: 350°F (180°C))

Ingrédients:

125 ml	de beurre mou sans sel ou	1/2 tasse
125 ml	d'huile pressée à froid	1/2 tasse
2	oeufs	2
375 ml	de farine de blé entier à pâtisserie	1 1/2 tasse
10 ml	de poudre à pâte	2 c. à thé
2 ml	de bicarbonate de soude	1/4 c. à thé
5 ml	de cannelle	1/2 c. à thé
125 ml	de lait	1/2 tasse
60 ml	d'eau de trempage des raisins	1/4 tasse
5 ml	d'essence de vanille	1 c. à thé
500 ml	de pulpe de citrouille râpée	2 tasses
125 ml	de raisins secs trempés la veille ou (2 heures environ)	1/2 tasse
175 ml	de noix hachées	3/4 tasse
	Quelques noix pour compléter la décoration	

Mode de préparation:

1. Rendre le beurre crémeux.

2. Ajouter les oeufs et fouetter quelques secondes.

3. Verser le lait contenant la vanille et mélanger un peu.

4. Mesurer les ingrédients secs. Vous mélangerez les ingrédients secs puis vous les ajouterez d'un trait aux oeufs.

5. Fouetter à la main ou à vitesse moyenne environ 1 minute.

6. Incorporer les raisins, la citrouille râpée et les noix; bien mélanger.

7. Verser la préparation dans 3 moules beurrés de 8 pouces de diamètre.

8. Cuire au four jusqu'à ce qu'une légère pression du doigt ne laisse plus d'empreinte.

GLAÇAGE AU FROMAGE ET AU CAROUBE

1. Fouetter quelques minutes 125 g. de fromage à la crème.

2. Ajouter 1/2 c. à thé d'eau d'oranger et mélanger doucement avec 175 g. de yogourt nature ferme.

3. Incorporer 1/4 de tasse de capuchons de caroube sans sucre, fondu.

4. Laisser au frigo 1 heure avant de glacer le gâteau.

GÂTEAU DU POTAGER
(Four: 350°F (180°C))

Ingrédients:

500 ml	de farine de blé entier à pâtisserie	2 tasses
10 ml	de poudre à pâte	2 c. à thé
2 ml	de bicarbonate de soude	1/2 c. à thé

5 ml	de cannelle	1 c. à thé
2 ml	de muscade	1/2 c. à thé
1 ml	de clou de girofle moulu	1/4 c. à thé
125 ml	d'huile pressée à froid	1/2 tasse
2	oeufs	2
75-100 ml	de lait ou de lait de beurre ou d'eau de trempage de raisins secs.	1/3 tasse ou 2 c. à table de plus
375 ml	de carottes râpées	1 1/2 tasse
250 ml	de raisins secs	1 tasse

Mode de préparation:

1. Tamiser ensemble la farine, la poudre à pâte, le bicarbonate de soude et les épices.

2. Bien enfariner les raisins.

3. Battre l'huile avec les oeufs.

4. Incorporer le lait et les carottes.

5. Faire le mélange des ingrédients secs et des huiles.

6. Battre légèrement, juste assez pour humecter les ingrédients secs.

7. Verser la pâte dans une poêle de fonte huilée et faire cuire au four pendant environ 35 minutes, jusqu'à ce que le gâteau ne marque pas et reprenne sa forme quand on le touche, ou qu'un cure-dent inséré au centre en ressorte propre.

GLAÇAGE POTAGER

Ingrédients:

— 1 paquet (250 g - 8 oz) de fromage
— 1/4 tasse de banane écrasée
— 1/2 c. à thé d'eau d'oranger ou essence au goût.

Mode de préparation:

1. Fouetter ensemble le fromage et la banane, puis ajouter l'eau d'oranger.

2. Étendre sur le gâteau refroidi.

3. Décorer de noix de pacanes.

GÂTEAU QUATRE SAISONS
(Four: 350°F (180°C))

Ingrédients:

500 ml	de farine de blé entier à pâtisserie	2 tasses
10 ml	de poudre à pâte	2 c. à thé
2 ml	de soda à pâte	1/2 c. à thé
5 ml	de cannelle	1 c. à thé
1 ml	de sel de mer	1/4 c. à thé
125 ml	de fruits séchés au choix	1/2 tasse
60 ml	de noix de Grenoble hachées	1/4 tasse
250 ml	de yogourt nature	1 tasse
75 ml	de beurre	1/3 tasse
1/2	banane écrasée	1/2
1	oeuf	1
15 ml	d'amandes grillées	1 c. à table
15 ml	de graines de sésame	1 c. à table

Mode de préparation:

1. Mélanger les ingrédients secs et ajouter les fruits et les noix.

2. Battre ensemble le gras et la banane.

3. Ajouter l'oeuf; bien battre.

4. Incorporer doucement le mélange de farine en alternant avec le yogourt.

5. Verser dans un moule à pain graissé.

6. Saupoudrer la pâte de noix hachées et de graines de sésame.

7. Cuire 50 minutes.

GÂTEAU BLEUTÉ
(Four 375°F (190°C))

Ingrédients:

60 ml	de beurre mou	1/4 tasse
1	oeuf	1
125 ml	de lait	1/2 tasse
500 ml	de farine de blé entier à pâtisserie	2 tasses
10 ml	de poudre à pâte sans alun	2 c. à thé
2 ml	de sel de mer	1/2 c. à thé
2 ml	de muscade	1/2 c. à thé
500 ml	de bleuets	2 tasses

Mode de préparation:

1. Bien mélanger le beurre et l'oeuf. Ajouter le lait et la farine avec le sel, la poudre à pâte, la muscade. Brasser juste assez pour bien mélanger et étendre cette pâte dans un moule graissé de 8" sur 8". Verser sur la pâte les bleuets bien égouttés.

2. Mélanger les ingrédients de la garniture; caroube, farine, cannelle et beurre. Saupoudrer sur les bleuets.

3. Faire cuire de 25 à 35 minutes.

4. Servir chaud.

GARNITURE

Ingrédients:

50 ml	de brisures de caroube sans sucre, hachées finement	1/4 tasse
75 ml	de farine de blé entier	1/3 tasse
2 ml	de cannelle	1/2 c. à thé
50 ml	de beurre mou	1/4 tasse

GÂTEAU AU RIZ ET CAROUBE
(Four 350°F (180°C))

Ingrédients:

250 ml	de riz nature cuit	1 tasse
250 ml	de farine de blé entier à pâtisserie	1 tasse
2 ml	de sel de mer	1/2 c. à thé
3 ml	de soda	3/4 c. à thé
1	oeuf battu	1
30 ml	de beurre ou d'huile	2 c. à table
375 ml	de yogourt	1 1/2 tasse
30 ml	de capuchons de caroube non sucré hachés finement	2 c. à table
125 ml	de lait	1/2 tasse

Mode de préparation:

1. Mélanger l'oeuf, le yogourt, le beurre ou l'huile et le riz dans un bol.

2. Ajouter les ingrédients secs et le lait.

3. Retourner les gâteau pour faire dorer les deux côtés.

4. Servir nature avec un soupçon de sauce à la caroube.

DÉLICE AUX FRUITS ET YOGOURT
(Cuisson: aucune; rendement: 3 portions)

Ingrédients:

2	oranges pelées	2
1	grosse banane	1
80 ml	de yogourt nature	1/3 tasse
60 ml	de son de blé ou de germe de blé	4 c. à table
	noix de coco rapée non sucrée au goût	

Mode de préparation:

1. Passer au robot ou mélangeur les oranges, banane et yogourt.

2. Verser le tout dans des coupes à dessert.

3. Saupoudrer sur chaque coupe, 1 c. à table (15 ml) de son et noix de coco au goût.

SALADE DE FRUITS AU YOGOURT

Ingrédients:

125 ml	de fraises	1/2 tasse
125 ml	de raisins verts	1/2 tasse
1	grosse orange en quartiers	1
1	pamplemousse en quartiers	1
1	kiwi tranché	1
1/2	avocat tranché en lamelles	1/2
60 ml	de compote de pommes	1/4 tasse
180 ml	de yogourt	3/4 tasse

Mode de préparation:

1. Bien laver les raisins et les autres fruits.

2. Mélanger la compote de pommes et le yogourt.

3. Déposer les tranches d'avocat avec les quartiers d'orange et pamplemousse, plus les fraises et les raisins dans un plateau.

4. Décorer avec le yogourt et garnir avec les tranches de kiwi.

YOGOURTMANDISES AUX FRAISES

Ingrédients:

250 ml	de fraises	1 tasse
180 ml	de yogourt	3/4 tasse
125 ml	de lait entier	1/2 tasse
1/2	banane	1/2
15 ml	de son de blé	1 c. à table

Mode de préparation:

1. Brasser au mélangeur ou au robot pendant 2 minutes.

2. Verser dans des coupes et saupoudrer 1 c. à table de son de blé.

3. Déguster!

ÉQUIVALENTS DE MATIÈRES GRASSES (LIPIDES)

Un équivalent de matières grasses contient approximativement 5 grammes de lipides (gras) ou une portion.

Avocat	1/8
Beurre	1 c. à thé ou 5 ml
Beurre d'arachide	2 c. à thé ou 10 ml
Beurre d'amande	2 c. à thé ou 10 ml
Crème légère (15%)	2 c. à table ou 30 ml
Crème à fouetter (35%)	1 c. à table ou 15 ml
Crème fouettée	5 c. à thé ou 25 ml
Crème sûre commerciale	2 c. à table ou 30 ml
Fromage à la crème	1 c. à table ou 15 ml
Huile pressée à froid de première pression	1 c. à thé ou 5 ml
Mayonnaise maison	1 c. à thé ou 5 ml
Vinaigrette huile et citron	1 c. à table ou 15 ml
Olives vertes ou noires	4 moyennes

GRAINES ET NOIX

Amandes, avelines	6
Arachides écalées	10
Pacanes (moitiés)	6
Noix du Brésil	2
Acajou (cashews)	4
Grenoble (moitiés)	4
Pistaches	20
Noix de coco râpée fraîche	3 c. à table
Noix de coco séchée	1 c. à table
Tournesols (écalées)	1 c. à table
Sésames	1 c. à table
Citrouille	4 c. à thé

ÉQUIVALENTS DE PAIN

DE FARINE ENTIÈRE OU FÉCULENT: 1 PORTION

Pain:

Pain de blé entier ou autre	1 tranche
Muffin (enlever 1 équivalent de matières grasses)	1 muffin
Beigne (enlever 1 équivalent de matières grasses)	1
Crêpe (enlever 1 équivalent de matières grasses)	1/4 de tasse de pâte
Pita de farine entière	1/2 de 4" de diamètre
Patates frites maison	10
Croissant (2 c. à thé de gras)	1

Céréales:

Cuites (gruau ou autres)	1/2 tasse ou 120 ml
Séchées, soufflées	1 tasse ou 240 ml
Séchées, flocons	3/4 tasse ou 180 ml
8 grains, 6 grains	1/2 tasse ou 120 ml

Farine et ses produits:

Sauce blanche ou brune	1/2 tasse
Farine entière	2 c. à table
Farine marante	2 c. à table
Nouilles, macaroni, spaghetti (cuit) de farine entière	1/2 tasse ou 120 ml
Riz, orge, sarrasin, millet, seigle	1/2 tasse ou 120 ml
Patate ou pomme de terre	1 moyenne

Légumineuses:

Pour chaque variété	1/2 tasse ou 120 ml

Divers:

1 oeuf	:	1 once de viande
1/4 de fromage cottage	:	1 once de viande
1 once de fromage	:	1 once de viande
1/2 tasse de tofu	:	1 once de viande

ANNEXE B
L'ASSOCIATION
DES HYPOGLYCÉMIQUES DU QUÉBEC

Il existe de nombreux regroupements de personnes aux prises avec des problèmes de santé. De telles associations ne visent pas à "célébrer" la maladie ou à ce que leurs membres s'y complaisent; elles cherchent plutôt à cerner les problèmes liés à ce mal, afin qu'ils puissent se libérer de son emprise, ensemble et plus forts.

L'Association des hypoglycémiques du Québec fait figure de pionnière au Canada et même en Amérique dans la recherche de solutions liées à ce problème et au mieux-être général de ses membres.

Son histoire est encore brève mais elle est remplie d'espoir à en juger par les buts qu'elle s'est fixés.

HISTORIQUE DE L'ASSOCIATION

1977-78: Le Docteur André Sévigny, médecin généraliste, fonde l'Association, en compagnie de Clairette Sévigny, infirmière, Murielle Thériault, Lise Champagne et Léo Côté, tous trois professeurs. Cent vingt personnes suivent une des cinq sessions visant à les informer au sujet de leur problème.

1978-82: Murielle Thériault donne des cours privés aux patients du Docteur André Sévigny.

1982-83: D'autres personnes touchées par la maladie viennent élargir l'équipe de la première heure. Ce sont Pauline Sévigny, acupunctrice, Soeur Juliette Daigneault, acupunctrice et trésorière, Francine Bergeron, Suzanne Landry, Carole Blier, Francine Gareau, Mireille Brisson, Marie Brabant, Yves Lavallée, Louise Desaulniers, Louise Tessier, Laurent Proulx, Guy Allaire. Trente-cinq bénévoles permettent à cette équipe d'être efficace. Grâce à eux, deux cent trente personnes peuvent réfléchir sur leur condition de santé et se prendre en main. EN AVRIL, L'ASSOCIATION REÇOIT SA CHARTE.

1984-85: Établissement d'un SIÈGE SOCIAL offrant plusieurs services aux hypoglycémiques du Montréal métropolitain grâce aux subventions des gouvernements du Québec et d'Ottawa.

1986-87: Après six années d'existence, nos services sont bilingues. Nous avons aidé plus de 5 000 personnes et comptons 1 000 membres. Grâce à des dons et à l'aide de bénévoles, les hypoglycémiques peuvent recevoir de l'aide d'une quarantaine de personnes-ressources réparties sur tout le territoire du Québec et hors Québec.

BUTS DE L'ASSOCIATION

A - Aider celui ou celle qui est touché(e) par l'hypoglycémie à comprendre, accepter et vivre avec ce problème de métabolisme.

Lui apprendre à contrôler ses baisses de glucose sanguin par une alimentation appropriée.

Lui faire part de nouvelles techniques et thérapies pour équilibrer ses énergies vitales et maintenir un régime de vie plus équilibré.

B - Sensibiliser la population au problème de l'hypoglycémie par des ateliers, conférences, kiosques, articles de journaux, entrevues à la télévision et à la radio.

Établir un dialogue avec les médecins et thérapeutes pour susciter la mise sur pied d'une équipe de chercheurs qui tenteraient de découvrir une solution plus globale au problème de l'hypoglycémie.

INDEX DES RECETTES

279

280

LISTE DES ILLUSTRATIONS

VOCABULAIRE

Absorption: passage des substances nutritives dans les cellules d'un être vivant.

Acide: solide, liquide ou gaz capable de former des sels avec les bases.

Acide aminé: composant des protides ou protéines et constituant de toute cellule vivante.

Acide biliaire: acide gras formé à partir de la bile.

Acide lactique: acide que l'on retrouve dans le suc gastrique, le jaune d'oeuf et dans les liquides fermentés.

Acide linoléique: acide gras polyinsaturé essentiel à la vie et ne pouvant être synthétisé par l'organisme.

Additif alimentaire: substance ou source de radiation modifiant les caractéristiques propres d'un aliment.

Adrénaline: hormone sécrétée par les glandes surrénales.

Agar - agar: gélatine de végétal marin authentiquement japonais.

Agoraphobie: impossibilité de traverser sans angoisse de larges espaces vides.

Alcalin: liaison d'un acide et d'une base produisant une réaction alcaline.

Algue: végétal sans racines ni vaisseaux qui vit dans l'eau de mer, l'eau douce et l'air humide.

Allergie: réaction exagérée de l'organisme à une substance.

Amidon ou fécule: hydrate de carbone contenu dans les grains de diverses céréales.

Anorexie: perte de l'appétit de quelque origine que ce soit.

Antibiotique: substance qui s'oppose à la vie ou substance organique qui empêche le développement ou détruit certaines races de microbes.

Biologique (agriculture): ne faisant pas appel aux engrais et pesticides chimiques.

Blé concassé: grains du blé grossièrement broyés et à cuisson rapide.

Blé entier: céréale n'ayant subi aucune transformation et surtout utilisée pour la fabrication du pain.

Boulgour: céréale de blé dur, pré-cuit, que l'on fait sécher et ensuite broyer.

Bromate de potassium: sel de l'acide bromique lié au potassium; métal alcalin.

Budwick: céréales crues combinées pour former le petit déjeuner; recette publiée dans "Soyez bien dans votre assiette jusqu'à 80 ans et plus" par Dr. C. Kousmine.

Cancérigène: se dit d'un agent physique, chimique ou biologique capable de provoquer ou de favoriser l'apparition du cancer.

Carence vitaminique: manque ou absence de vitamines.

Carnivore: qui se nourrit de chair.

Cellule: élément primordial des tissus de l'organisme animal et végétal.

Cellules bêta et alfa: cellules des îlots de Langerhans du pancréas; les cellules bêtas sécrètent l'insuline et les cellules alfas sécrètent le glucagon.

Céréale entière: céréale non raffinée, n'ayant subi aucune transformation.

Céréale raffinée: céréale transformée, fractionnée.

Chlorophyle: pigment vert des végétaux ne se formant qu'à la lumière.

Cholestérol: stérol se présentant sous forme de cristaux blancs nacrés.On le retrouve dans le cerveau, dans la bile et dans la plupart des humeurs de l'organisme (le sang surtout).Le taux de cholestérol dans le sang est normalement de 1,20 g à 1,80 g—litre.

Claustrophobie: crainte ou terreur qu'éprouvent certaines personnes dans les espaces clos.

Colon et coecum: partie du gros intestin dans laquelle s'arrêtent et séjournent les matières fécales avant d'être expulsées.

Colorant alimentaire: couleur synthétique uniquement utilisée pour conférer de la couleur aux aliments.

Convulsion: contraction spasmodique involontaire, intéressant toute la musculature du corps, et suivie d'un relâchement.

Disaccharide: deux sucres simples.

Embryon: organisme en voie de développement depuis l'oeuf fécondé jusqu'à une vie autonome active.

Enzyme: ferment soluble; susbtance capable de déterminer certains processus chimiques sans paraître elle-même modifiée.

Fenugrec: légumineuse de l'Afrique du Nord à odeur forte; reconnue pour ses propriétés toniques.

Frugivore: qui se nourrit de fruits.

Glande endocrine: glande à sécrétion interne (hormone): hypophyse, thyroïde, parathyroïde, surrénales, thymus.

Glucide: hydrate de carbone; ce groupe comprend le glucose, les principes qui en fournissent par hydrolyse (amidons) et ceux qui en dérivent.

Glycogène: glucide (hydrate de carbone) principalement localisé dans le foie, les muscles. Le foie transforme le glucose qu'il reçoit en glycogène et le met en réserve.

Gras caché: gras, huile que l'on trouve dans les noix, avocats, etc.

Hallucination: conviction entière d'une sensation perçue alors que nul objet extérieur propre à exciter cette sensation n'est à la portée des sens.

Hormone: produit de sécrétion glandulaire qui, au lieu de se déverser à l'extérieur de l'organisme ou dans une cavité digestive, passe directement dans le sang.

Hydrate de carbone: synonyme de glucides.

Îlots de Langerhans: corpuscules arrondis formés de cordons cellulaires jouant un rôle dans la sécrétion du pancréas.

Lactase: enzyme qui digère la lactose du lait; présente chez l'enfant jusqu'à l'âge de 7 à 8 ans, elle disparaît ensuite.

Lactose: sucre retiré du petit-lait; les divers laits en renferment en quantité variable.

Levain: substance propre à produire la fermentation d'un corps ou morceau de pâte aigrie qui, mêlé à la pâte du pain, la fait lever et fermenter.

Levure: champignon unicellulaire produisant la fermentation alcoolique des solutions sucrées ou faisant lever les pâtes farineuses.

Levure chimique: corps utilisé en panification ou en pâtisserie à la place de la levure et qui produit le même résultat.

Mégadose: très grande quantité d'un médicament, d'une vitamine, etc.

Métabolisme: ensemble de transformations chimiques qui s'opèrent dans le corps soit par assimilation (anabolisme), soit par désassimilation (catabolisme).

Miso: pâte de soya fermentée. Il existe plusieurs types de miso: soya-orge, soya-riz et 100% soya.

Monosaccharide: un sucre simple.

Mont Everest: point culminant du globe dans le massif de l'Himalaya.

Neurasthénique: personne encline au découragement, aux idées tristes et caractérisée par la dépression.

Oesophage: tube reliant le pharynx à l'estomac.

Onagre (belle de nuit): plante ornementale dont l'huile essentielle fournit l'AGL (acide gamma linoléique).

Péristaltisme: mouvement de contraction de l'estomac et de l'intestin, allant de haut en bas, pour faire progresser les matières alimentaires.

Pesticide: se dit d'un produit chimique destiné à lutter contre les parasites animaux et végétaux des cultures.

Phobie: crainte déraisonnable à l'égard d'objets, de situations ou de personnes bien définis.

Plantule: embryon d'une plante contenu dans la graine.

Polysaccharide: sucre complexe formé de la liaison de nombreux groupes de sucre.

Rein: organe sécréteur de l'urine.

Réjuvelac: eau de trempage de grains de blé, riche en enzymes aidant à la digestion.

Sauce tamari: sauce faite à base de fèves de soya.

Semoule de maïs: fragments de l'amande du grain de maïs résultant de la mouture.

Sevrage: privation progressive d'excitants (sucre, café, thé, alcool, médicaments) lors d'une cure de désintoxication.

Somnolence: état de sommeil léger.

Son de blé: partie périphérique des grains de céréales lorsqu'elle a été séparée par l'action de la nature.

Spore: élément unicellulaire produit et disséminé par les végétaux et dont la germination donne soit un nouvel individu (bactéries), soit une forme préparatoire à la reproduction sexuée (mousse, fougère, etc.).

Thymus: organe glandulaire transitoire à sécrétion interne, situé dans le médiastin.

Thyroïde: organe glandulaire situé à la partie antérieure du cou.

Tofu: lait fabriqué à partir de la fève de soya; il est d'abord coagulé, ensuite pressé et on en extrait le petit lait. Il est un bon substitut de la viande et il est pauvre en cholestérol.

Toxine: substance toxique (poison) de nature protéique, élaborée par un organisme vivant auquel on confère son pouvoir pathogène.

Triglycéride: lipide (gras) formé par estérification du glycérol par trois acides gras; son taux normal dans le sang est de 0,50 g à 1, 50 g/litre.

Végétalisme: alimentation exclusive par les végétaux.

BIBLIOGRAPHIE

ABRAHAMSON, E.M., Md,PEZET, A.W.,Le corps, l'esprit et le sucre, Lapointe et Langevin Inc., 1965.

ALBERT, Luc-Roland, Md., Une vie, une santé, C.A.H.A.C., 1986.

BERTHERAT, Thérèse, Le corps a ses raisons, Seuil, 1980.

BYRON, Scott, Le massage, L'Homme, 1974.

BRESSE, Georges, Morphologie et physiologie animale, Librairie Larousse, Paris, 1968.

BRICKLIN, Mark, Dictionnaire des remèdes naturels, Québec/Amérique, 1985.

BRUNET, Jean-Marie, N.D. La chaleur peut vous guérir, Editions du jour, 1972.

CENTRE HOSPITALIER STE-MARIE, Département de Santé Communautaire, Poliquin, France Méthodes contraceptives, 1984.

CHELF HUDON, Vicki, La grande cuisine végétarienne, Stanké, 1985.

CLSC Santé, Un rythme bien à soi, volume 2, no 4, décembre 1978.

COOPÉRATIVE, La balance, Catalogue de nos produits, 1985.

COOPÉRATIVE, La balance, Cours d'alimentation saine no.1 et 2, 1985.

DAVIS, Adelle, Les vitamines ont leurs secrets, Primeur/ Sand, 1985.

DELUCKEY, Guy, Le guide marabout des médecines douces, Marabout, 1985.

DEXTREIT, Raymond, L'argile qui guérit, Éditions Vivre en harmonie, R.D. Extrait, 1986.

DUFTY, William, FRÉDONIEL, Guy, Sugar Blues, Éditions de la Maisnie, 1985.

ELLIOT, Marie-France, Savoir bien respirer, Marabout, 1977.

ÉQUIPE DE L'INFORMATEK, Le pain et les céréales, Informatek, 1982.

FRAPPIER, Renée, Le guide de l'alimentation saine et naturelle, Éditions Asclépiade, Renée Frappier, 1988.

GALTIER-BOISSIÈRE, Larousse médical, Librairie Larousse, Paris, 1952.

GASSETTE, Grâce, La santé physique, mentale, spirituelle, Astro, 1985.

GLAUDE, Albert, Catharsis, Le tunnel qui conduit à la guérison, Alain Stanké, 1984.

GUITOUNI, Moncef, Les punis de la société, Éditions de la société de recherche en orientation humaine Inc., 1981.

HARRISON, Michelle, M.D. Syndrome prémenstruel, Éditions Stanké, 1986.

HUMUS, L'alimentation saine, no.11, janvier-février, Humus Inc., 1987.

ILLICH, Ivan, Nemesis médicale, Seuil, 1972.

IMFELD, A. La civilisation du sucre, Éditions Pierre-Marcel Favre.

JACOBSON, Edmund Dr, Savoir relaxer pour combattre le stress, Éditions de l'homme 1980.

JANOV, Arthur Dr., Le cri primal, Flammarion, 1970.

JANOV, Arthur Dr., L'amour et l'enfant, Flammarion, 1977.

JOGOT, Paul-C., Le livre rénovateur des nerveux et des surmenés, guide pratique pour surmonter le stress et toute défaillance nerveuse ou cérébrale, Éditions Dangles, 1975.

KOUSMINE, Dr. Catherine, Sauvez votre corps, Lafont, 1987.

KOUSMINE, Dr. Catherine, Soyez bien dans votre assiette jusqu'à 80 ans et plus, Tchou, 1980.

KURTZ, Ron, PRESTERA, Hector, Ce que le corps révèle, Le humeau, 1983.

LABELLE, Yvan, N.D., L'Arthrite, une souffrance inutile__, Éditions Fleurs sociales, 1987.

LABLANCHY, Jean-Pierre, La santé par les vitamines, MA, 1986.

LAFFONT, Robert, L'auriculo-thérapie sans aiguille, Éditions Robert Laffont, 1987.

LANTHIER, Dr. Aldie, Les plantes curatives, Les Éditions de l'auteur, 1973.

LAROUSSE, Petit Larousse illustré, Éditions Larousse, 1988.

LEFEBVRE, Aline & Cie Inc., Prenez le contrôle de votre vie, Cassettes à suggestions positives conscientes et subliminales R.R. 2 Bolton Centre, Qué. J0E AG0.

LONGUE, Édouard, Yoga pour soi__, M.C.L., 1961.

MASSON, Robert, Folie et sagesse des médecines naturelles, Albin Michel, 1982.

MASSON, Robert, Plus jamais d'enfants malades, A. Michel, 1984.

MENDELSOHN, Dr. Robert, Confessions d'un médecin hérétique, l'Informatek, 1982.

MONGEAU, Serge, Dictionnaire pratique des médecines douces, Québec/Amérique, 1981.

MONGEAU, Dr. Serge, Les voies de la santé, 1983.

OHSAWA, Georges, Le zen macrobiotique ou l'art du rajeunissement et de la longévité, Librairie Philosophique, J. Vrin, 1986.

PARKER, Anthony, Catherine, Textbook of anatomy and physiology, The C.V. Mosbry compagny, 1967.

PEARSON, Durk, SHOW, Sandy, Vivre mieux et plus longtemps, La Presse, 1984.

PRIZE, Suzanne, Hatha yoga, Les Éditions de l'Homme, 1969.

POISSANT-LAURIN, Manon, RAYMONDE, Céline, ROUETTE, Josée, La nouvelle cuisine santé, Stanké, 1982.

ROUX, André, Introduction à l'iridologie, Éditions Dangles 1986.

SAFERIS, Fany, La suggestopédie, Robert Laffont, 1986.

SHRIEVE, Caroline, MD., Le syndrome prémenstruel, Éditions de l'Homme, 1986.

SMITH and GIPS, Care of the Adult Patient, Lippincott, 1986.

SOURY, Alain, Les algues source de vie, Dangles, 1982.

STARENKYJ, Danièle, L'allergie au soleil, Orion, 1986.

STARENKYJ, Danièle, Le bonheur du végétarisme, Orion, 1978.

STARENKYJ, Danièle, Le mal du sucre, Orion, 1981.

STARENKYJ, Danièle, Mon "petit" docteur, Orion, 1985.

SWITOR, Carol West, MERRILY FORBES, Hunter, Nutrition: principes and applications in Health Promotion, J.B. Lippincott Company, New York, 1980.

VERDON-LABELLE, Johanne, Soigner avec pureté, Les Éditions FleursSociales, 1984.

VITALITUS, Magazine de santé, Éditions Santé pour tous, n° 4, nov., déc. 1986 et janv. 1987.

Achevé   Imprimerie
d'imprimer Gagné Ltée
au Canada Louiseville